日本の心理臨床 1

カウンセリング実践史

氏原　寛　著

誠信書房

企画編集者序文

京都大学　皆藤　章

このたびシリーズ『日本の心理臨床』が刊行される運びとなった。企画、編集に携わった者として、刊行に至る経緯やその趣旨を簡単に述べておきたい。

臨床心理学／心理臨床学は、当初、近代科学を方法論的基盤として成立、発展してきた。けれども、この学問がそうした方法論になじみにくい特有の性質をもっていることもまた、学問成立の当初より指摘されてきた。それは、この学問がとりもなおさず、まさに生命ある人間に向き合う心理療法の実践と不可分に成立しているということである。すなわち、何よりもまず眼前の人間に真に意味ある知を、この学問領域は必要とする。そうした知を集積し新たなパラダイム構築を思索する動向は事例研究を中心に展開し、今日に至っている。けれども、現状を冷静に見つめると、科学的研究スタイルの隆盛は非常に強い。これは日本のみならず世界的動向でもある。それでは、パラダイムの転換はいかにして進行しているのであろうか。

本シリーズの企画意図はここに端を発している。すなわち、臨床心理学／心理臨床学が内包するこの学問特有の性質としての「事例性」を、人間の営みに真に意味ある知として発信していく必要があるのではないかということである。生きた人間との専門的実践からもたらされる知を積極的に世に問うことは、現代の臨床心理学／心理臨床学にとってきわめて重要なことと考えられる。

けれども、本シリーズの企画は科学的研究の否定を意図したものではない。大切なのは、科学的方法論を基盤とする臨床心理学／心理臨床学を土台にしつつ、新たな方法論的基盤を創出していく姿勢が、現代の心理臨床家に求められているという視座である。臨床心理学／心理臨床学の独自性は、心理臨床の実際・実践との交流をつねに絶やすことなく理論体系を構築していこうとする態度にある。この意味で、これまで「臨床心理学／心理臨床学」と表現してきた領域を「心理臨床」という表現でまとめ本シリーズの表題とした。「学」を付さなかったのは、本シリーズにおいて固定された学問の名に縛られることなく柔軟な論考が駆使されることを企図したからである。

本シリーズは、ひとりの心理臨床家が一書を書き下ろすところにも特徴がある。初出のあるものでもすべて加筆修正が施されている。執筆者の最終的な選定はすべてわたしの判断である。お引き受けいただいた執筆者の方々には厚く御礼申し上げる。執筆陣をご覧いただければおわかりの通り、わたしが企画編集することと自体が分不相応であるが、快くお引き受けいただいた。ほんとうに感謝している。

日本の心理臨床は、大きな転換期を迎えている。ライフサイクルの流れのなかでの実践、現代という時代を見据えた実践、そしてグローバル化のなかでの実践など。また、もはや海外に学ぶだけではなく、積極的に臨床の知を発信していく時代でもある。アジアをはじめとする諸外国もそれを求めている。ただしクライエントをまなざす臨床の視線を磨くことが根本であることも忘れてはならない。河合隼雄からの学びである。最後になったが、企画編集者として、本シリーズが日本の心理臨床の未来に大いなる貢献を成すことを信じている。

目次　日本の心理臨床1　カウンセリング実践史

まえがき

今回、この仕事をお引き受けするかどうかで少し迷った。今までいろいろと発言の機会を与えられ、ある程度言いたいことを言ったか、という思いがあるからである。しかしこの歳であらためて思うのは、心理臨床の道は果てしないもの、という認識である。たしかに、若いときに見えていなかったことで今見えてきたと思えることはかなりある。しかし、見えてくる範囲が広がるほどに、まだ見えていないさらに広い領域が見えてくる。だから、すぐれた臨床家が自信に満ちていろいろ発言されているのを見るにつけ、いつも羨《うらや》ましい思いにとりつかれていた。たぶん、そういう人たちには常人にはない稀有《けう》の才があるのであろう。ロジャーズにしろウィニコットにしろ、わが国でいえば、河合隼雄とか神田橋條治といった人たち、さらにはもっと若い人たちにも、自信と実績にかけてはそれらの人たちに劣らないと思っておられる方が少なくないように見受けられる。しかし大部分の心理臨床家には、その境地は高嶺《たかね》の花なのである。少なくとも私はそう思っている。そのレベルのことなら、これから臨床家として立とうとしている若い人たちに、なにか参考になることが書けるかもしれないと思った。

次に、それでも書くとしたらあい変わらずの言い古したことしか書けないのではないか、という危惧《きぐ》がある。以前、私の分析家の一人に、お前は書くことによって考えるタイプだと思う、と言われたことがある。その折（もう何十年も前である）は、そうなのかなあというくらいの感じであった。しかし今は、たぶんそうらしいという気持ちに傾いている。恥ずかしいことであるが、自分の以前書いたものに、今から思えばその時点ではわかっていなかったはずのことを書いて、それが結構辻褄《つじつま》の合っていることに驚くことがある。どうやら何か思いつくと何とか格好をつけるのがうまいらしい。そのため一つのテーマを思いつくと、かなり長い間それにこだわっておなじようなことをくり返し書く。それでまったく変わりばえしないのだが、少しずつ、おそらく読んでくださっている方にはわからない程度に、私自身には〝新味〟が付け加わっている。だからあらためて書き直す分には、意外に新しい知見が滲《にじ》み出ているかもしれないと思う。本書執筆にはそういう期待が少しばかりある。

とはいっても、新しいアイデアが次々と浮かんでくるわけではない。だから長い目でみれば、同じテーマを飽きもせずくり返し述べることになる。集大成といえるほどの仕事をしてきたわけではないけれど、そのつど考えたり書いてきたことを、今の時点で一度まとめておくことは私自身にとっても、かつ私の考え方に多少とも興味を持ってくださるかもしれぬ方たちにも、必ずしも無意味とはいえないと思いたい。おそらく根をつめて書く私の最後の仕事になる。多分に個人的なものであるが、そういう感慨めいたものも少しある。

最後にもう一つ。このシリーズの企画編集者によって与えられたテーマが、「心理臨床の実践史と現在」だったことがある。まったくの偶然から、わが国で心理臨床の実践が始まったころに私の実践が始まっている。そして現在も現役のつもりである。この世界の中心にいたのではない。しかし中心との接触がないでもない所にずっといた。だから、それについて語るのにはわりに適切な人間かとは思っている。それらについては今までにも書いたことがある。まったくの個人史であるが、それがかなりわが国における心理臨床の歴史と重なっている。その折々に私の感じたり考えたりしたことが、全体の流れと無関係とはいえないのである。カウンセリングの草創期に、第一世代のカウンセラーたちがどんな状況にあったのかを、現在の若い人たちに知ってもらいたいと思うのは、必ずしも老人のセンチメンタリズムではない、と思っている。

以上、ある種の躊躇《ためら》いを感じながら、結局は積極的にお引き受けする気になった経緯を述べた。

平成十九年四月

氏原　寛

第一章　境界人

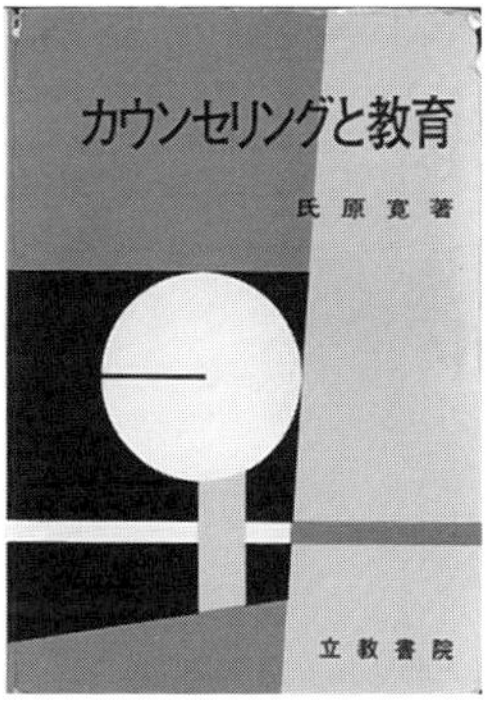

第一節　ある気づき

「実践史」ということだから実践について書かねばならない。となると私は私の実践しか知らないのだから自分のことを書くよりない。何をどのように書けばよいのかずいぶん考えた。以前、『私はなぜカウンセラーになったのか』[1]という本が出て、知人のベテラン・カウンセラーたちが執筆していた。それぞれがそれなりに多様な経歴を披瀝《ひれき》されていたが、おおむねは早くからこの道を志してあまり迷われることはなかったようである。私も選ばれておそるおそる書かせてもらったので[2]、私自身についてはすでに一応書いていることになる。今回、それと同じことを書いても始まらない。前掲書で他の方たちの文章は面白く読ませてもらったのだが、今回あらためて読み返し、カウンセラーとしてそれらの人と私がどこか違う、それは私がずっと境界人として歩んできた、そして現にそうであるということに思い至った。そしてこれは意外に面白い立場に私がいたことを示しているのかもしれぬ、と気がついた。

それでカウンセラーとして私が今までやってきたこと、いろいろ考えてきたことが変わるわけではない。しかしそれらの事柄を境界人であったことを踏まえて見直してみると、今まで十分気づくことのなかった相がいろいろな姿をとって現れてくるような気がしてきた。どうやら私は傍流にありながら、不思議なご縁で本流ともつかず離れずといった微妙な立場に終始居たような気がする。それが私の実践にしばしば影を落とし、あるいは陽を射しこませてもきた。それが私の生まれつきの性格によるものか、あるいは与えられた状況の結果なのか、よくわからない。いずれにしろそんなことから、わが国でカウンセリングの実践が始まった四十年以上昔から、まだ現役として仕事をしている今に至るまで、わが国のカウンセリング界の流れにずっと身を置いてきた。だから私自身のまったく個人的な経験と思索が、カウンセリング界全体の動きと多分に重なっている。そこで私自身がどうであったかよりも、私という個人のなかにいやおうなく現れている時代の流れのごときものを感じとっていただければ、とくに若い読者の方々には何がしか参考になるのではないか、と思った。

第二節　個人的事情

カウンセラーとしてのありようが、資質によるものか成り行きによるものかは微妙である。一時よく言われた、フロイトは神経症、ユングは統合失調症、ロジャーズはノーマルの一時的不適応症を扱うことが多く、彼ら自身もそれぞれその傾向を多分に持っていたという俗説や、精神科医のなかには精神病に窓の開いている人と神経症に開かれている人とあるが、医師としての能力に優劣はない、とかいった話も、そのあたりの事情を物語っているのであろう。本章でカウンセラーとしての自分を取り上げる以上、ある程度そういう面も語らねばならない。そこで気づいたのが、どうやら私は境界人であるという現実である。

そう考えると、私の境界人性は、今も、カウンセラーとしてというにとどまらず、ひょっとしたら生まれたときからの「宿命」であったのか、と思いたくもなる。あまりに個人的なことはさすがに憚《はばか》られるのだが、私は父親の死後十二日目に生まれた。未熟児であったと聞いている。母親のショックのため、ひと月かふた月早く出てきたらしい。非常に小さい赤ん坊で、葬儀か初七日か、私を見た親戚たちは近々また葬式だと思ったという。つまり生まれたとき、すでに生死の境をさまよう存在だったのである。母乳もあまり出なかったというから、何を飲んで育ったのだろうと今にして思う。六人兄姉弟《きょうだい》の、当然のことながら末っ子だった。私自身は自覚はないけれども、兄たちに言わせると、母親は私を父の生まれ変わりと見てえらく贔屓《ひいき》したらしい。ここでも夫なのか子どもなのかわからない、境界人的扱いを受けた可能性がある。

それと、父が死ななければ心配することのなかった生活の不安があった。少なくとも母親には。その不安を私がどっぷりと吸いこんで育ったのは確かだと思う。父の死後すぐに、一家は大阪から現在の亀岡市内の田舎に移った。長兄が小学校を出るころ（私は数え年で五歳だった）、教育のため京都市内に転居した。その程度の子どもたちの暮らしを支えるくらいの目途は立っていたらしい。時代のせい（私は昭和四年生まれである）もあり、万事つましい生活であったが、小学校上級のころ、すぐ近くであったが新築のもっと大きい家に引っ越した。どちらも借家だったが、子ども心に大丈夫なのかと心配した憶えがある。

現在私は、自分ながら相当なケチである。私たち世代には、何事につけもったいないという感覚が根強くしみついている。今と比べて戦前の日本は全体として貧しかったから、当然のことではある。故河合隼雄先生が、自分たちには貧しい時代の価値観が身についてしまっている。だから豊かな時代にどう対応すればよいのか、よくわかっていないと折にふれて書いておられたように、である。たとえば、親は子どもたちに与えるよりも与えないという知恵が必要だ、とか。だから私のケチ臭さには、確かに物のない時代に育った人間には当然の匂《にお》いがある。しかしそれ以上に、先のことをいろいろ取り越し苦労して準備しておかなければ、という気持ちが強い。何とかなる、という楽天的な気分になりにくい。これは、おそらくは母親の抱いていた不安がそのまま移ったのだと思っている。もちろん戦争、敗戦、その後の混乱期には、ほとんどの日本人が困苦欠乏に耐えなければならなかった。しかしそれをもち出すのは問題を広げすぎる。だからここでは、家族の状況に絞って考えていることをお含みいただきたい。

要するに、没落しつつある当時の中産階級のもつ不安に常にさらされていた、ということである。私には、自分の家が金持か貧乏なのかわからなかった。主観的には貧しいという感覚が強かった。中学校には金持らしい子弟が多く、その子たちとはつきあえないと思っていたし、授業料とかその他費用のかさむ行事があると、いつも心配そうな母親の表情が浮かんだ。要するに、ここでも境界人心性をいやおうなく味わってきたのである。

父親のいなかったことが大きかったのは確かである。しかしもともといないのだから、父親のいる家族とどう違うのかなど、考えたこともなかった。ただし、礼服をつけた父親の大きな写真が飾ってあったのと、分厚い何冊かのアルバムにヒゲを生やした大学生時代の父親の写真があったのは覚えている。安物の蓄音器があって、父親が子どもたちに買ってきたというレコードを家族みんなで聞いたりしたこともある。だから、父親は偉かったらしいという漠然とした思いはあったにしろ、今一つピンと来たことはない。実際に話してみたら案外面白い人だったかもしれない、と思い始めたのはごく最近のことである。

いつのころからか、私は参謀向きで将軍には向かないと感じていて、分析家の一人に言ってみたことがある。そうかもしれない、ということであった。将軍になりたい気持ちがないわけではない。しかしどうも最終的な責任をとるのが苦手のようである。イザとなればヤケクソで決断することはできそうだが、できたらあれこれ考えて結論は大将に任せたい。どうしてそうなのかと思うことがときどきあるが、なるべく最終決定を先延ばしにしたい境界人的性格によるものであろう。

以上、長々と個人的事情について述べてきた。本書の基本的トーンをご承知おきいただきたいと思ってのことである。そこで以下に、以上のことが、私のカウンセラーとしてのキャリアにどのような影を落とし、かつ光を当ててきたのか、について述べてみたい。

第三節　カウンセリングとの出会い

昭和二十八年（一九五三）に大学を出た。漠然とサラリーマンになるつもりでいたのだが、就職試験に全部落ちて高校教師になった。いわゆるデモ・シカ教師でかなりの鬱屈《うっくつ》感があった。教師にでもなるか、教師にしかなれないという意味で、若干の蔑称《べっしょう》的ニュアンスがあった。大学では西洋史学専攻ということであったが、二回生以後はほとんど出席しなかった。いずれにしろ心理学の授業に出たことはない。あえていえばここでも高校教師の身分にアイデンティファイしづらく、多くの文学少年のご多分にもれず、同僚の文学好きの先生たちと同人雑誌でも作れたら、などと思っていた。事実、オレは作家で高校教師は世を忍ぶ仮りの姿だ、というしょぼくれた年上の同僚がいた。私自身はわりに生真面目《まじめ》なところがあり、生徒指導にうちこんで相当な悪ガキと仲よくなって、家に連れ帰り、風呂に入れたり泊らせたりしたことがある。どっちつかずの境界人的心性がここでも現れている。ひところ流行ったことばを使えば、いつまでたってもモラトリアム人間であった。永遠の少年的心性を払拭しきれていなかったのである。

高校には十年いた。そんな私を見かねたのか、校長が「いつまでも遊んでないで何か勉強してこい」と大阪市の教育研究所に放り込んだ。これは教育委員会の所属機関で、現場の先生たちがまったく校務を離れ、三年ほど教科研究に打ちこむ所である。形ばかりの試験を受け、所長に会うと、「何をやりたいんだ」と聞くので、「社会科の授業と発達心理学的知見を結びつけて」などと喋《しゃべ》ったら、「心理学か。それじゃ教育相談だ」

と鶴の一声で、当時発足してそれほどたっていない教育相談係に配置された。私の、それがカウンセリングとの出会いだった。

第四節　大阪市教育研究所

当時相談係では、ロジャーズの考えに基づくカウンセリングの実践が熱心に試みられており、それなりの実績も上げていて、市会で取り上げられることさえあった。これにはわけがある。詳細は今でもわからないのだが、現場での印象では、そのころ文部省がカウンセリングを学校に導入しようとかなり熱を上げていたらしいのである。昭和二十年に日本が太平洋戦争に敗れて以後、教育界にもアメリカの影響が強く及んでいた。そこで学校にガイダンスなるものが導入された。今の生活指導ないし教育相談がそれを受け継いでいる。ところが、合理的に正しいと思えることをいくら丁寧に説明しても、かつ、子どもも親たちも一応承知しているのに、なかなか成果が上がらない。それで頭でわかるだけでは不十分で感情的に納得させる必要がある、と考えられたのである。

もちろんこれにはアメリカのモデルがある。ロジャーズにも大きい影響を与えたといわれるタフトとかアレンたちは、元来がケースワーカーと関係が深い人たちである。ケースワーカーたちが、おそらく最善と思われる策を提案しても相手はなかなか実行してくれない。そこで頭だけでなく感情に働きかけなければ助言が生きてこない。そのためにはカウンセリングが必要とする認識が、アメリカの日本占領軍の教育関係担当者の間にあったのではないか。だからわが国へのカウンセリングの導入は、まず教育界から始まったのである。そして当時のアメリカではカウンセリングといえばロジャーズであった。私が研究所に入ったのが昭和三十八年（一九六三）、ロジャーズの主著の一つ[3]が出たのは一九四二年である。ちなみにその邦訳[4]は一九五六年（昭和三十一）に出た。

第五節　カウンセリング・ワークショップと事例検討会

研究所では当初の二週間ほどは見習いで、一カ月も経たぬうちに実際のケースを持たされた。今から思えばずいぶん乱暴な話である。当然ながら中断が相次いだ。しかし相談希望者が多く、相談係全体としてケースにあぶれることはなかった。この間まで現場の教師だった素人がやるのだから、クライエントには今でも申し訳なく思っている。しかしロジャーズの本に書いてある通りに、うまくいった（と思える）ケースもあった。不登校、吃《きつ》音、夜尿など比較的軽いものが多かった。それに励まされ、それなりに勉強もした。そのころの勉強法は、一つはテープ検討会、もう一つはカウンセリングのワークショップであった。これは夏に高野山で一週間のスケジュールで催された友田不二男や大甕《おおみか》で行われた遠藤勉の主宰するワークショップである。何年かは毎年のように参加した。今日のベーシック・エンカウンター・グループに似たものである。他に伊東博の訳すロジャーズ関連の論文集[5]とロジャーズの原著だけが頼りの状態であった。

ワークショップは、エンカウンター・グループになじんでいる方にはおわかりのことと思うが、人里離れた場所でお互いに知らない人たちが、朝昼晩と膝《ひざ》をつき合わせ、しかも世話人（当時ファシリテーターのことをそう呼んでいた）は「さあ、始めましょうか」と言った後はほとんど発言しないのだから、今までの馴《な》れ親しんだ役割認知に基づく関係がつくれない。いきおいその場その場のお互いのやりとりだけが手がかりの、濃密なグループ体験であった。そこで日常の人間関係がいかに不自然な役割関係に頼っていたか、逆にいえば縛られていたか、に気づくことになる。グループのプロセスがうまく展開すると、「いま・ここ」のこの場の関わりあいこそが本物の関係である、と感じられてくる。本来の自分が甦《よみがえ》ったかのような思いにかられ、私自身の経験からいっても、ワークショップの後、誰に話してもバカに物言いが楽になって、ネガティブなことを言っても相手を傷つけることがない、と思えたときがあった。残念なのは、そういう思いが二、三日のうちに薄れていき、あれは一体何であったのかという思いしか残らないことであった。

驚いたのは、高野山のワークショップに参加した翌年、私が世話人に選ばれたことである。教育委員会に所属していたし、学校の先生たちを動員できると思われたらしい。すでに述べたように、こうした動きには文部省が一枚噛《か》んでいた節があり、参加の先生たちはほとんど教育委員会または学校から出張旅費を支給されていた。世話人のなかにはいくぶん私に似た怪しげな人がかなりいた。嬉《うれ》しい思いがなくもなかったが、まったく自信がないので断った。しかし要請は研究所のもっと上の人に来ていたようで、私自身が断れる状況ではなかった。だからグループでは文字通り必死の思いで、白々しい世話人としての演技を冷や汗をかきながら続けねばならなかった。以後、わずかの例外（前記遠藤のワークショップ）を除いて、世話人をやり続けることになるのだが、多少は勉強になったか、という思いがなくもない。よき世話人であることをよきカウンセラーたりうる条件、と本気で考えていた。

テープ検討会は、自分の面接場面を吹き込んだテープを起こして印刷したものを参加者全員に配り、生のテープを聞きながらみんなで検討するものである。しかし、テープを出した者は傷つくことが多かった。みんなの頭のなかにはロジャーズの受容、共感、純粋さという三条件がある。お互いに十分な経験的裏づけがないから、多かれ少なかれ一種の教条主義的観念にこり固まっている。未熟なだけに生硬な生のテープが教条主義的理想論でつつかれるのだから、批判が非建設的、というより破壊的なレベルにとどまり、テープを出した人にも批判する人にも役立つことはなかったと思う。惜しむらくは、なぜすれ違うのか、またすれ違えばすれ違ったで、それを以後のプロセスにどう生かすかなどについて、具体的に発言できる人がほとんどいなかったことである。ただし、ほとんど無手勝流にひたすら傾聴するという訓練には役立ったかもしれない。一種のカウンセリングブームのような状況で、全員が大真面目《まじめ》に暗中模索していたのである。

こうした催しの参加者には、学校の先生たち（当時、各学校にカウンセリングルームを開設しようという動きがあり、その際のカウンセラーに擬せられている、またはそうなると自ら任じている先生たちには、いち早く一人前のカウンセラーにならねばという衝動があった。現に高野山のワークショップでは、こんなことでは校長にどんな報告書を書けばよいのかわからない、と世話人に詰め寄る先生もいた）が多く、他に看護婦（当時の呼称である）や会社の人事担当者、わずかに大学の心理学の先生がおり、医師はめったにいなかった。要するに、心理学、とくにカウンセリングについてはまったく素人の大集団が、どういうわけか群れていたのである。

そこから妙な雰囲気が生まれた。つまり、いわゆるカウンセリング・マインドさえ身につければ誰でもカウンセラーになれる、そのためにはワークショップに参加すればよい、とする素朴な信念である。これはロジャーズが、カウンセラーは彼のいう受容、共感、純粋さの三条件を満たしさえすれば、その程度に応じてクライエントがよくなると言い、かつ、カウンセラーの専門性を必ずしも積極的に支持しなかったことが大きい。まったくの素人に一カ月ほどのプログラム学習的集中訓練を施して、それまで大学で研究していたカウンセラーと同等以上の〝実力〟を身につけた、とする報告[6]がアメリカの専門誌に出たりもした。

大学ではすでにカウンセリングの授業は行われていたが、先生方に十分な臨床経験があったとはとても思えない。だから実践にゆきづまったわれわれが指導を仰いでも、「もっと受容してあげたまえ」とか「共感が足りない」とか、ロジャーズの本に書いてあることを復唱するくらいのことしか言ってもらえなかった。要するにカウンセリングについてほとんど知らないということでは、前述の素人集団と変わることはなかったのである。一部の先生方は語学力を駆使して、主にロジャーズのモデルによる実証的研究の方におもむく傾向が強かった。それまでの大学心理学研究のアカデミックな伝統の残っていた方については、後の章で詳しく述べる。そのため実践は、主に教師集団と産業カウンセラーを目指す会社の人事関係の人たちによって担われていた印象がある。

以上のことは、単に草創期のカウンセリング事情を説明するためだけのものではない。わが国における現代のロジェリアンが、当時のわれわれと同じような素人性をいまだに脱却できていないのではないか、という危惧《きぐ》があるからである。ここ何年か意図的にスーパービジョンのケースを増やした。院生から臨床経験数年の若い人たちが主である。その人たちにどんな立場で実践に携わっているのか尋ねると、ほとんどが来談者中心療法にユング（フロイトでもよい）の考えをちょっと、などと答える。どんな方法で、とさらに問うと、もっぱら傾聴することに力をつくしています、と答える。このクライエントにこの私がお役に立つためにどんな風に対応すればよいのかが、ほとんど考えられていないのである。どんなクライエントに対してでも同じ〝カウンセリング〟を処方するとでもいったごく一般的な、カウンセリング・マインドさえあればどんなクライエントにでもお役に立てるとする構え、から出ていないのである。もっとも私自身の能力の限界もあり、バイジーとして行動療法とか家族療法志向の臨床家を受け入れていないので、それですべてが言い尽くされているとは思っていない。そうした保留はあるにしても、その限りの私の印象では、こうした若手臨床家の偏りは、多分に指導者の意向を反映している。大学院で臨床心理学を教えている教員に臨床経験が不足しているのである。そしてその多くがロジェリアンのように思われる。野島(7)によれば、わが国の心理臨床家の半分以上が自らロジェリアンと称しているのだから。それにはおそらく草創期のカウンセラーたちの素人性が尾を引いている、と私は思っている。一言でいえば見立ての能力が決定的に不足しているのである。しかしそれらについては次章で検討する。そこで本節では、私の研究所体験のもう一つの側面、境界人としてつねに周辺にいながら、中心とも若干のつながりを保っていたことを述べておきたい。

第六節　京都市カウンセリングセンター

今まで書いた分だけで、私が境界人ないし周辺人的状況をさまよい歩いているのをおわかりいただけるかと思う。まず研究所所員という身分が研究職なのか教員職なのかあいまいであった。ほとんどの所員の教員としてのアイデンティティは揺らぐことがなく、所員経験を通して教員としての実力と立場を高めるという確固たる目標があった。ただし教育相談係の場合は、仕事の性質上五年以上在籍することが多かった。すると学校教師として期待される以上のカウンセラーとしての力を身につけねばならない。それだけ教員かカウンセラーかの葛藤《かっとう》は教科研究のための所員よりも大きかったであろう。しかしプロのカウンセラーになる可能性がほとんどないのだから、諦《あきら》めやすかったと思う。私から見てよき資質に恵まれ、ご本人もできたらこれでやっていきたいと述懐される比較的若い先生方もおられた。結局はその後、ほとんど校長とか教頭になって出て行かれた。

しかし私には教師としての自覚が乏しかった。できればカウンセリング一本でやっていけないか、という気持ちが強かった。そんなこともあって、京都市の教育研究所のカウンセリング部門と接触するようになった。できれば研究者的な方向に進みたいという気持ちが強かったのである。京都市のその機関は同業ながら京大とのつながりが強く、当時、顧問にはまだ若い笠原嘉《よみし》、河合隼雄、鑪《たたら》幹八郎といった先生方、相談担当所員には大学を出たばかりの村山正治《しょうじ》、西村洲衞男など錚々《そうそう》たる顔ぶれが揃っていた。そして週一日、主に東京から取り寄せたロジャーズ関係の最新の文献講読などがされていた。教員というよりも専門家集団だったのである。どうしてこんなことが起こっていたのかについては、第三章で述べる。とにかくおそるおそるそれに参加できないか打診したところ、快諾していただいた。大阪市の方もまだしめつけが緩く、当時の所長が研究者志向であったこともあり(後に広島大学の教授に転出された)、むしろ教育相談係のレベルアップのためもあって許可が出た。

個人的にもきわめて刺激的なチャンスであり、毎週一回、ビクビクしながらも勇躍して京都に出かけた。しかしそれが私の境界人意識を一層促したのも確かである。ここでも本題からはそれるが、その折に感激させられた私的なエピソードについて書いておきたい。一つは村山先生が、乏しい(?)財布をはたいて近くのモツ屋に案内してくださった。牛の生肝をはじめて食った。そして「あんたも苦労するな」と言ってもらった。もう一つは、当時大阪教育大学の講師か助教授で京都大学の非常勤講師でもあった鑪先生が、ご自分の京都大学の授業の講師として私を呼んでくださったことである。そのころ、私のはじめての著書である『カウンセリングと教育』(8)を読んでくださり、それについて大学院生たちに話してくれとおっしゃってくださったのである。変な話であるが、話している途中便意を催して中座し、緊張していると思われるだろうな、と恥ずかしく思ったのを覚えている。おまけに授業の終わった後、当時は京都大学の助手だった田畑治先生を伴って鴨川沿いの飲み屋に連れて行ってくださった。しかもその後で、祇園《ぎおん》のクラブに案内されたのである。今でも、あれは店の順番を間違えられたのじゃありませんか、と恨み言を言うほどの事件であった。境界人としてのどこか淋しい雰囲気がそのころから漂っていたのだと思う。

第七節　関西ロールシャッハ研究会

もう一つ、研究所の上司に連れられて、関西ロールシャッハ研究会の毎月の例会に出席し始めたことがある。偶然のことからまもなく初級、中級、上級の講習会が始まった。私はその全部の初回の受講生である。講師は精神科医の辻悟、スイスから帰国間もない河合隼雄、精神人類学の藤岡喜愛《よしなる》という豪華なものだった。毎週一つずつのプロトコル解釈の宿題が出たことがあり、四苦八苦した。最後には実力判定のための試験があり、厳しいが充実した経験であった。ただし、「いま・ここ」に集中するためには生育歴を知らぬ方がよいというロジャーズの考え方（と思いこんでいた）と、ロールシャッハという枠組みにはめてクライエントを査定する姿勢とのギャップにはかなり悩んだ。それについては第三章であらためて述べるので、ここでそれ以上取り上げることはしない。

もう一つは、ロールシャッハ研究会のご縁で、心療内科のクリニックで週二回、患者さんとのカウンセリングをする機会を与えられたことである。しかも若干の手当てまで出て、折にふれてケースについて話しあう機会も持っていただいた。面接中、突然躁《そう》状態になった患者さんに驚き慌て、診察中の院長に来てもらうようなことがあった。こうしたことは、教育委員会の機関でありながら、カウンセラーの実力を向上させようという研究者志向の所長に恵まれてこその僥倖《ぎょうこう》であった。

アカデミズムといえば、研究所の所員は年に一度、研究紀要に五十枚程度の論文を提出する義務があった。そのころには研究所にあるごくわずかの臨床心理学関連の雑誌にも目を通し、見よう見まねで論文めいたものを書いていた。十年在籍したので十本以上書いたことになる。それを基にしたものが『臨床心理』(9)や『臨床心理学研究』(10)に載って嬉《うれ》しい思いをした。

というようなことで、研究所時代は鬱陶《うっとう》しい思いもしながら、わりに充実した面もあった。何しろ若かった。三十代半ばから四十代半ばにかけ働き盛りの時期でもあった。しかし所長が変わり、それを期にだんだん締め付けがきつくなってきた。それと大きな偶然が二つ重なって大阪外国語大学に移ることになる。しかし大阪外国語大学に移って研究者としてスッキリしたかというと、そうはならなかった。採用されたのは留学生別科であり、助教授、留学生寮の寮務主事というものであった。日本語もほとんど知らない学生が多く、そのために心理的に不安定になる者があり、そのカウンセラーという触れこみであったが、語学上の問題もあり、なかなか思うようにならなかった。さらに寮つきの官舎に住み込み、寮生たちの実生活上の細々とした面倒をみなければならなかった。さらに中級の日本語を教えさせられた。もっとも、各国語に堪能な先生たちがおられ言語学や国語学の専門家もいて、日本語教育学という体系が打ちたてられつつあった。他に日本人学生のための臨床心理学の授業も受け持った。

以上でおわかりのように、ここでも境界人としての私の面目躍如たるものがある。別科という名称が示している通り、教授会に出席しているものの、他の教員とは微妙に異なる雰囲気があった。さらに全体として少しばかり異分子扱いされる別科内で、寮務主事としてかなりの雑務を引き受けねばならなかった。それが日本語教育の教員身分に若干の影を落としていた。カウンセラーとしての仕事を期待されていたが必ずしもままにならず、当初から、いつまでもいる所ではないという思いが強かった。状況がそうなるような回り合わせなのか、私が求めてそのような状況を作るのか、いまだによくわからない。仕事を変えれば誰しもが多かれ少なかれ感じる違和感を、とくに私が感じやすかったのかもしれぬと思う。しかし思い当たることが一つある。それが私のカウンセリングないし対人関係を特色づけているし、結果的に境界人性を培養してきた可能性がある、と思っている。

第八節　コムニタスと構造

それを一言でいえば仲間志向とニヒリズムということになろうか。そしてその合間に落ち込んで必死にもがいていたのである。私は人を信じこみやすい。そして過剰に期待する。当然しばしば裏切られ（と思い込み）、そのつどひどくがっかりさせられる。どころか本気で怒ったり恨んだりすることが多い。個々の人間関係に、より大いなるものとの一体感を求めるからである。こう書いていていわゆる境界性人格との類似性にわれながら驚かされる。しかしあえていえば、ターナー[11]のいうコムニタス傾向が優勢であるにすぎない。

コムニタスとは簡単にいえば、文化以前の人間の自然的本能的ありようである。ターナーはさらに構造ということばによって、社会的構造化以後の人間の人工的なありようを表している。以前これについて内容と形式ということで論じたことがある[12]。形式はしばしば内容を窒息させるけれども、それなしには内容の現実化されることはない。ここで内容を本能的衝動、形式を社会的役割と読みかえてもよい。衝動満足が不十分であるとわれわれの生活は生気を失い、役割意識が見失われると見当識が薄れる。どういうわけか私は、コムニタスと構造との逆説的状況（相反的にみえて実は相補的な）にひときわ敏感であるらしい。

そこで教育研究所で私の感じた違和感が、その形式主義、権威主義に対するものであったことがわかる。研究所では現実的な、ターナーでいえば構造的な諸価値、たとえば出世志向が当然のごとく明らさまに語られていた。私に出世志向がないわけではない。研究所から外大に移ったこと自体、私自身の上昇志向の反映である。しかし、そのような身分の上昇（と私は思っていた）が、ある面から、たとえばコムニタス的にはまったくナンセンスであることは、支配者と被支配者が一定期間役割を交代したり、社会的役割関係が一時期棚上げされる祝祭空間、たとえばカーニヴァル、が洋の東西を問わず用意され続けてきたこと、が示している。そこに構造的価値が一時的相対的な仮象であることが反映されている。だから研究所の同僚たちのむきつけの出世志向にある程度の共感を覚えながら、どこかニヒリスティックな冷めた目を向けていたと思う。

もう一つは、私の研究者志向と同僚たちの教員志向の間に、埋めがたい微妙な溝があったことである。私に仲間志向性のあることはすでに述べた。しかしそれはコムニタス的感覚、オーバーにいえば非日常レベルでの親近感である。それは個々人の事情を超えている。ただし個人差を無視してのものではなく、個人差を踏まえたうえのものである。たとえば第六節で村山先生と鑪先生にご馳《ち》走になったエピソードを紹介した。その際私が感動したのは、お二人が私を同じ研究者仲間、つまり人間として受け入れてくださったからである。身分的にはかなりの差があった。村山先生はたまたま京都、大阪の差はあるにしても、同じ教育委員会の機関のカウンセラーであったが、いずれ研究職に転出する見通しが十分にあった。私にどれほどの研究者志向があったにしろ、そのころは再び現場の高校教師に戻る可能性の方がはるかに大きかった。お二人ともそういう私の事情、つまり自分たちとの超えがたい溝を承知のうえで、だからこそ一杯飲もうと誘ってくださったのである（と、今でも思っている）。

研究所ではその逆説が通じなかった。仲間は同じ志向をもつ者同士でないといけない、その限りお互いの差があってはならなかった。だから、もし差があるとすれば、同じ志向をもつ者の間の構造的差異でなければならなかった。そのための競争は熾烈《しれつ》を極め、なりふり構わぬ趣きがあった。コムニタス的にいえばすべて仮象である。だから研究者志向性を保ったままで仲間に入れてもらえる余地はなかったのである。何度も教頭試験や指導主事試験を受けるように言われたが、私には一種の踏み絵のように感じられたのを覚えている。ただしお互い仲間になろうという気持ちは強く、事実かなり仲が良かった。しかし今述べたような事情から、私は終始異端者であった。

それには教育相談係全体にやはり多少の研究者志向性があり、私の、より強い研究者志向性が同僚たちのコンプレックスを逆撫《な》ですることがあったのかもしれない。私の期待過剰が同僚たちの研究者的側面に向けられるのはありがた迷惑であり、期待をとり下げられることはある種の見捨てとして差別的にうけとめられた可能性がある。

外大の場合は、はじめから境界領域の仕事であるのを承知のうえで引き受けた。文章を書くのが好きで論文を書いたり本を出したりしていたので、学内では研究者として認められていたと思う。そのためか、助教授ポストとされていた寮務主事でありながら、教授に昇任させてもらえた。しかし状況が境界的であったので、いつかもっと自分を生かせる所への転出をいつも考えていた。

以上、本章では私の境界人性について述べてきた。本書全体に通底する基本的トーンとしてわかっておいていただきたいという思いからである。結局、大阪市教育研究所時代のことが中心となったが、その時期に私のカウンセラーとしてのバックボーンが、未熟な形であるにしろあらかた出来かけていたのだと思わざるを得ない。素人として出発したのでその素人性がいまだに多分に残っている。しかし素人のままにとどまってはならぬことも承知しているつもりである。いわばいつまでも童心を失わぬ成人ということか。それこそが境界人性に他ならない。そしてカウンセラーとは、好むと好まざるとにかかわらず、そうした境界人性が他の人より色濃く残っている人たちではないかと思っている。だとすれば、境界人性は克服されるべきものではなく、より深化するべき得がたい資質なのかもしれない。最初に私事について長々と語ってきたのも、その限りまったく無意味でないことを願っている。

第二章

カウンセラーは専門職《プロフエツシヨナル》である

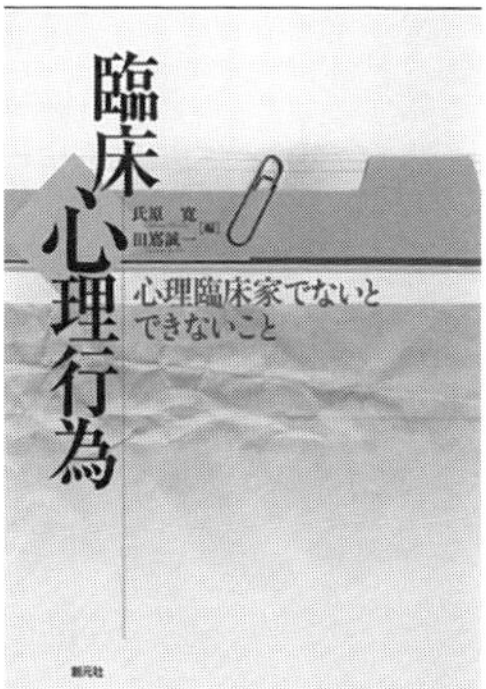

第一節　プロとは何か

前章では、私自身の境界人的性格をうんぬんした。そこから、カウンセラーを志すような人たちはすべて、多かれ少なかれ境界人的性格の持ち主であることが示唆された。本章ではそのことを踏まえ、カウンセラーが特異的な専門家グループであることを制度的な問題と絡めて考えたい。あわせて現在の若い心理士たちに、その意味でのプロ意識が欠けているのではないか、という思いも伝えたい。

プロとは特殊な知識と技術をもつ専門家のことである。するとプロとしてのカウンセラーは、他の人にはない、しかしクライエントには不可欠のサービスを提供するためのどんな知識と技術を持っているのか、がまず問われなければならない。それには本書全体が一つの解答になっている。もちろん最終的な答えとはいえない、現時点での私なりの一つの試論である。それでもこの本だけにおさまりきらぬほどの多様性をもっており、必ずしも論を尽くせるとは思っていない。ただし、従来この問題がとくに当のカウンセラーにおろそかにされてきたきらいがある。だから誰かがある程度それに答えておく必要がある。もはや知らぬ顔を決めこむ余裕がないのである。本章ではそうした状況の差し迫っていることを述べる。しかしそれに先だち、カウンセラーに限らぬプロ一般についてあまりに当然の、しかし多くの心理臨床家があえて気づこうとしていないかにみえる特質、について述べておきたい。

それは、プロとは自分の身につけた特殊な知識や技術を金に代えて生活している人、ということである。今日、カウンセラーは実に多くの領域で活躍している。それだけ社会的認知度は高まった。臨床心理士の数だけでも一万数千人に達し、なお年々その数を増やしつつある。しかしそのなかで、カウンセラーとしての仕事だけで自分および家族の生活を支えている人はどれだけいるだろうか。多くの心理臨床家が病院や学校や企業で働いている。そして仕事に対するお金は大部分給料として支払われている。しかしその額は、はたして自分と家族との生活を賄いうるだけのレベルに達しているだろうか。あるいはカウンセラーになるために今まで費やした時間、手間、費用に見合うだけのものになっているだろうか。さらにいえばプロとしての自尊心を損なわないだけの処遇が得られているだろうか。後でも触れるけれども、あれだけ経済的に恵まれない職種になぜ若い人たちがなりたがるのか、と何年か前に週刊誌に不思議がられた状況が一向に改まっていない。むしろ悪化しさえしているのが現状ではないだろうか。

しかし私の目から見て、若い心理士たちが、たぶん諦《あきら》めからくるのだろうが、低い処遇に一見甘んじているかにみえるのが歯痒《はがゆ》くてならない。現在の待遇の悪さはもちろん改善されねばならない。しかしプロとして、その前に考えられる方法がないのだろうか。ただしそのためには、確かにプロといえるほどの実力が身についていなければならない。ここで私の考えているのは開業のことである。現在、医師たちのほとんどは開業を考えているのではなかろうか。気楽な病院勤務の方を選んでいる人でも、開業すれば何とか食えるくらいの見通しは持っていると思う。医師不足で過労になる勤務医の過酷な状況も、開業のため病院を辞める医師が多いからだという。乱暴な言い方をすれば、給料の安さに不満があれば開業してそれを上回る収入をあげればよいのである。

現在一万数千人いる臨床心理士のなかで、開業によって生活しているカウンセラーは何人いるのだろうか。大部分の人が踏み切れないのは、開業してやってゆくだけの自信がないからである。開業心理士はクライエントの払ってくれる面接料で食っていかねばならない。クライエントさえよくなってくれればよい、ではすまないのである。ただ喋《しゃべ》るだけで金を払うことに、日本のクライエントはまだまだ馴《な》れていない。当然のことながら、払った料金、往復の時間、その間の手間に見合うだけのお返しを期待している。そしてバランスが取れていないとなると、さっさと来談をやめてしまう。カウンセラーの実力は、認定協会の免状よりも河合隼雄先生の保証よりも、何よりもクライエント自身の評価できまる。それだけクライエントも、したがってカウンセラーも真剣にならざるをえない。しかし、そのために必要な訓練をカウンセラーたちは受けているだろうか。ここ数年、臨床心理士養成のための大学院の学生を指導して、修士課程の二年間では短すぎることをつくづく感じている。いろいろ事情はあるにせよ、その意味では、プロのカウンセラーの養成システムはもっともっと考える必要があると思う。

その結果、低い待遇に甘んじて、常勤のポストにつくだけでも大変な苦労をしている。ありていにいえば開業して食えるほどに十分な力がついていないのである。よい悪いは別にして、資本主義社会は実力のある者により多く支払う。今日、臨床心理士の名前がメディアを賑《にぎ》わすことは少なくないが、比較的安い費用で手軽に雇える職種としか見られていないのではないか。現に高校生で臨床心理士を目指す生徒の数がかなり減ってきている現実がある。それもこれも、心理士たちのプロ意識が十分でないのではないかと怖れている。いろいろな悪条件の山積していることは承知しているつもりであるが、奮起を促したい気持ちで一杯である。

第二節　臨床心理行為(1)

このことばが心理臨床家の間でまだ十分になじまれていないのが残念である。ここ数年、心理士の国家資格の問題がしばしばとりあげられ、われわれ自身相当な危機意識をもって運動めいたことまでやってきたことは、ご存知の方も多いと思う。その間、心理士会側と医師会側のやりとりのなかから生まれてきたのが、このことばである。「医行為」に対応する。これは医師でないと行ってはならぬ特異なサービスを言う。国家資格の折衝では、カウンセリングが「医行為」かどうかが大きな論点になった。というのは、それが医行為になると、医師の「指示」の下でないと非医師が行うことはできなくなるからである。

この「指示」というのは法律用語で「極めて厳格な指導・監督」ということらしい。それがあってはじめて非医師でも医行為に従事することができる。それを医療補助職と呼び、看護師がその例である。したがって看護師は独立して開業することができない。だからカウンセリングが医行為となると、われわれは独立した専門家とは認められなくなり、前節で述べた開業などもっての他のことになる。だから心理士会側が、心理士でないとできないしかしクライエントには不可欠のサービス、という意味で、臨床心理行為ということばを創ったわけである。

ところで国家資格になると、「名称独占」と「業務独占」ということがついてくる。名称独占とは、もし臨床心理士が国家資格になると、有資格者以外がその名称を名乗ってはならない、とする規則である。これは医師以外の者が医師を称してはならないのと同じである。業務独占とは、臨床心理士の仕事が法律によって定められ、その業務を心理士以外の者が行ってはならないということである。その業務として定められるべきことを、一応臨床心理行為と呼んでおこうということで、このことばが生まれた。

これは臨床心理士の仕事を国がプロとして認めることだから、その仕事は、臨床心理士にしかできないが、クライエントには不可欠、という先の定義を満たさなければならない。次節で論ずるが、カウンセリング・マインドなどと称して、誠意さえあれば誰にでもできる仕事ではないのである。この辺りの押えが、現在でも多くのカウンセラーで十分ではない。しかしはからずも国家資格の問題が浮上し、医行為との絡みで臨床心理行為の特異性を、臨床心理士以外の人たちにも理解してもらえる形で文章化する必要性が生じてきた。業務独占がプロとしての立場を法的に保証するものである以上、このことは避けられない。むしろ歓迎すべきことであり、遅きに失する感さえある。

そのつもりで、若い臨床心理士たちに臨床心理行為とは何かと尋ねた結果、その特異性、たとえば親、教師、ケースワーカー、医師たちの働きと異なる点について、明確に答えることのできた人はごくわずかであった。病院であれ学校であれ、すでに日常的に、ということは仕事として、多くのクライエントに会っている人が、ひたすら傾聴するとか、受容、共感、純粋さのいわゆるロジャーズの三条件をお題目のように繰り返すだけで、自分でないとできないこのクライエントへのサービスについては、考えが及んでいないのである。

それが第一節で述べた、プロとしての自覚と自信のなさに通じている。しかしそれが今や外側からの要請として現れてきた。本来は個々のカウンセラーが自らの実践を通して、内的な促しとして気づいておくべきはずのことである。しかしそれには無理からぬ事情があり、次節ではそれについて述べる。

第三節　カウンセリング・マインド

このことばが、わが国のカウンセリング草創期における素人集団、ワークショップの熱狂的ファンの間から生まれてきたらしいことは第一章で述べた。アメリカの文献には見当たらぬ和製英語という。それが現在でも多くのカウンセラーを惑わし、心理臨床家の専門性をあいまいにしていることはすでに前節でも少し触れた。本節ではそれについて、いま少し詳しく説明しておきたい。

これは、カウンセリング・マインドさえ身につけることができれば誰でもカウンセラーになれる、という思いこみに発している。それが、あらゆる人間関係はカウンセリング・マインドのありなしによってよき関係か悪しき関係かを決めることができる、という考えに発展した。カウンセリング・マインドとは、要するに受容、共感、純粋さというロジャーズの三原則を生かそうとする態度である。そこには、私もその一人であった当時の素人たちの、素人のままで玄人のカウンセラーになれる、という非現実的な思い込みがこめられていた。

つまり精神科医はいうに及ばず精神分析家にしても、相当に厳しい訓練を経なければ一人前、つまりプロ、になれないという認識がさすがに当時でも一般的であった。ところが、ロジャーズ派のカウンセラーはそうした修行なしにプロになれる。自分自身に純粋になることさえできればその程度に応じて、何らかの技術なり知識を身につけることなしにクライエントのお役に立てるからである。実践的には、これが容易ならぬ修行を必要とすることに、実践経験に欠けていたそのころの素人たちが知る由もなかった。その結果、理念とことばだけが独り歩きし、カウンセリングは誰しもにできる非特異的なありようとして、専門的な特異性を追求する心が失われていったのである。

そういった傾向が、カウンセラー的ありようを日常的レベルの働きに還元することになった。すなわちあらゆる人間関係が、カウンセリング・マインドのありなしで建設的にも破壊的にもなりうる、とする俗説である。その結果、あらゆる人間関係にカウンセリング・マインドを、というスローガンが掲げられるようになった。親子関係も教師・生徒関係も職場関係も、必然のなりゆきでカウンセリング関係そのものすら、カウンセリング・マインドがどれだけ生かされているかによって評価されることになる。そのためカウンセリング関係の特異性、すなわち専門性、が問題にされることがほとんどなくなった。カウンセリングの素人化、世俗化が起こったのである。そして「裸の人間関係」とか「出会い」ということばが好んで使われるようになった。しかし、「本当」の自分になるためには社会的な役割関係を通さなければならない。裸の人間関係などそもそもありえないからである。父親としての私が息子であるお前と出会う出会い方は、教師としての我が生徒である汝《なんぢ》と出会うそれとは丸きり違う。にもかかわらず役割は多く演技と重なり、しばしば「本当」の自分を覆い隠す。その逆説をどう生きるかが「本当」の関わりあいを生む。前章の終わりでコムニタスと構造について述べたように、形式はともすれば内容を窒息させるが、形式がなければ内容は顕在（現実）化されない。形をなさないのである。

だからカウンセリング・マインドに代わって親マインド、教師マインド、ケースワーカー・マインド、医師マインドなどと言ってもよいはずである。ふたたびターナーのことばを使えば、この場合、それぞれの役割は社会的通念を反映し、「マインド」に当たる部分はコムニタスを表すことになる。精神科医の神田橋(2)の用語に従えば、「からだ」性をいかに「ファントム」性に生かすか、ということになろう。カウンセリング・

マインドとは、そうした人間存在の根元的ともいうべき二律背反に目をおおい、いわば「気立てのよさ」ともいうべき非特異的な性質を一方的に強調しているにすぎない。専門的知識と技術を身につけた気難しい医師は、それのない気立てのよい医師よりもはるかに患者の役に立つという神田橋のことばを思わねばならない。

カウンセリング・マインドということばが、四十年前のロジャーズフィーバーに巻きこまれた素人集団から生まれてきたことを述べてきた。そうした歴史的事実に対する思いを新たにしてほしい、というのではない。現在自らをロジェリアンと称する比較的若い心理臨床家のなかには、そのような素人性に囚われながら、そうと気づいていない人が少なくないと思われる。そして専門家としての厳しい修行からことさら目をそむけている。したがって十分な実力がつきにくく、それに伴って世間の評価もわれわれの期待するほどには決して高くない。

もちろんそうならざるをえない状況がある。[3] 臨床心理士になって以後の研修の機会が著しく少ないこと、研修に必要な経費をまかなうにはあまりにも低い給与水準など。すでに一万数千人に達した臨床心理士は、このままいっても毎年約千人の新人を迎えることになる。だから数のうえでは隆盛の一途をたどっているかにみえる。しかし今や数より質の向上を目指すべきときが来ている。プロとして自他ともに認められる実力と、経済的裏づけを伴う社会的評価を得るために、である。そこで次節では、現在、臨床心理士たちがどのような状況で仕事をしているのか、について述べておきたい。厳密な調査結果を踏まえてではなく、私個人の直接見聞きしたことに基づいての印象であるから、少なからず偏りのあるのは承知している。しかし現在の心理士たちの生の姿には違いないので現状報告としてある程度の意味はある、と考えている。

第四節　現状

現在私の勤務している大学は、平成十九年（二〇〇七）四月に専門職大学院を発足させた。それまでの四年間は臨床心理学コースをもつ一種指定大学院であった。今（平成十九年六月現在）までに二期分約三十人の卒業生を送り出し、一期二期の卒業生が臨床心理士試験を受けた。三期目の約十人は受験準備中である。約三十人が合格し、病院、学校、施設などで働いている。それと、すでに述べたようにここ何年かスーパービジョンに力を入れているので、延べにすると百人ほどの比較的若い臨床心理士との接触がある。本節で述べることの主たる情報源は、それらの人たちである。

はじめにいくつかの例をあげる。二、三年前の話である。単科の精神病院に常勤として就職が決まった、と以前のバイジーが報告に来てくれた。今までは非常勤職をいくつか見つけ、何とか週五日ほどを埋めていた。修士卒、臨床心理士、個人の心療内科クリニックなどで数年の臨床経験がある。年齢は三十歳前後、女性である。本人も喜んでいたし私も嬉《うれ》しかった。そこで給料を聞いてみた。いろいろひっくるめて手取りが二十万切れるという。それでも何とかやっていける。しかしかつかつの感じで年に一度学会に出られるかどうか。ペーパーも書きたく思っているが、とてもその余裕はない。仕事は主にデイケアと心理査定と雑務。カウンセリングはとくに申し出て認められた場合に限られ、医師からのオーダーはない。したがってせいぜい週に一、二ケース。それもあまり期待されている雰囲気ではない、などのことであった。昨今、四年制大学を卒業したばかりの新採用者の初任給が上がり、大企業では優に二十万を超えている。薄給としか言いようがない。しかもそれを喜ばねばならないのが現状である。

もう一つの例をあげる。それは心療内科の常勤のカウンセラーである。前の例と同じく、女性、三十歳前後、修士卒、臨床心理士、臨床経験数年である。この人も非常勤を転々としていた時期がある。そのクリニックに採用され、院長にも認められ、何人かいる臨床心理士を束ねるような仕事も任されている。それで給料が手取りで十七万円ほどである。そこで就職後何年かして思い切って院長に、昇給させてもらえないか、と頼みこんだ。「就職するときは実践を通して勉強させてもらうのだから、この給料でもいいかと思っていた。しかし、この年になると研究会や学会に出てもっと勉強したい。できればスーパービジョンも受けたいし、いずれ教育分析もと思っている。それでもう少し給料を上げてほしい」ということで、である。「それは大事なことだ。後でゆっくり相談しましょう」と言ってくれた。それっきりなのである。大分経ってから催促する（現実にはなかなか難しいことなのである）と、やっと一万円上げてくれた、という。それだけでも助かるのだが、それにしてもやっと十八万円である。

非常勤となるともっとひどい。保険診療の枠内でカウンセリングの行われている所では、一セッション三十分で一日十ケース近くをもたされる。それでいて時給（一ケース毎ではない）は二千円前後であろうか。保険点数から換算すると、かなりのピンハネ（?）が行われている。保険診療外の場合でも、心理臨床家に支払われる金額は患者の負担分の数分の一である。医師の側にも言い分はあり、自由診療でカウンセリングを担当する心理士には、水揚げ百万に対してやっと三～四十万の給料が保証できる、とのことである。常勤の心理士を雇ったある精神科クリニックの院長が、そこそこの給料を払っているが完全な赤字である。しかし多少の宣伝効果と税金対策にもなるので来てもらっている。心理士の方《かた》自体は有能でだいぶ助かっているのだが、とぼやかれたことがある。

ある博士課程修了者（学位はとっていない）が、ある相談機関で仕事をしていて、かなりケースが継続し、自分でも何とかやれる自信めいたものがついてきた。そこで周りの反対を押し切って開業した。何やかや言いながらこれは比較的簡単である。マンションの一室を借り、テーブルと椅子があれば何とかなる。しかしクライエントが来ないのである。医師のいるクリニックではいわゆる三分間診療といわれるほど、患者は多い。その医師が薦めるから、患者もその気になる。そういう医師の後押しがないと、無名の臨床心理士が開業してもなかなか来てくれない。家賃くらいは何とかなります、と頑張っていたが、仮にそれが十万円としても（おそらくもっと安い）、一回五千円の面接料をとって一カ月二十セッションである。週五人のクライエントの確保が難しかったようで、一年足らずで閉鎖することになった。

だから、時給五〜六千円のスクールカウンセラー制度の発足は画期的なことであった。当初は臨床心理士の数が少なく、かつ臨床心理士の社会的認知度も高まるということで、いわゆる精鋭たち、臨床経験の豊かなベテランたちが多く派遣された。そのせいで現場の評判も上々であり、だからこそはじめは「スクールカウンセラー活用調査研究委託事業」としていつ打ち切られるかわからない形で発足したものが、制度化されてきたのである。

しかし最近、かつてほどの評判が薄れてきている。スクールカウンセラーは要らない、という校長まで現れるようになった。そのため臨床心理士の数の多いところ、たとえば関西地方では、以前の一人八時間、週二回（一時間分五千円×八（時間）×二（日）×四（週）イコール三十二万円は心理士たちにとっては破格の収入である）という状態が崩れ、一人六時間週一回が普通になりつつある。近ごろ流行のワークシェアリングである。そのうえ、定員の空きが少なく、多くの人がなれないままである。しかし何とかなれた人には、少なくとも経済的にはやはり有難い仕事のようである。だから交通不便で心理士の行きたがらない地域も含め、複数県に跨《また》るスクールカウンセラーを引き受けたり、いくつかの非常勤職の一つにスクールカウンセラーを入れこむことのできた人たちは、医療領域で働く心理士より多くの収入を得ている。

他に教育委員会関係の相談機関で働いている人もおり、週四回の常勤並み非常勤という形が多い。たいてい、交通費と健康保険が保証されている。しかし、給与は病院心理士の場合と大差ないようである。年間で三百万くらいか。例外的に薬剤師並みの給料を支払ってくれる病院があるけれども、文字通り例外である。

ところで開業の場合はどうだろうか。以前、思いついて収入を試算してみたことがある。(3) 一回一万円、一日五人、週五日、一カ月四週、夏休みも含めて実働十カ月として、である。結果は、一万円×五(人)×五(日)×四(週)×十カ月イコール一千万円である。この数字をよしとするか不足とするか。ただしこれは水揚げ分である。そこから経費を差し引かねばならない。マンションの一室があれば何とかなるから大したことはないようであるが、家賃は払わねばならない。場合によっては十万円ほどの支出である。事務員などとても雇えないことがおわかりであろう。一日五人を六人か七人に増やすことはできる。休暇を全部で一カ月に減らすこともできよう。しかも本人が病気か何かで仕事を休めばたちまち無収入である。それにだんだん年をとってくれば若いときほどは働けない。退職金も年金もない。

川戸圓《まどか》は日本人女性としてはじめてチューリッヒでユング派分析家の資格をとった人である。彼女によれば(4)資格をとるまでに約二千二百万円の費用がいる(今から二十年近く前の相場である。一スイスフラン=百円として計算されている)。それだけ投資をしてさっきの計算では、金銭に限ればとても引き合わない。さりとて、料金を引き上げて今まで通りの数のクライエントが来てくれる保証はない。精神科医の馬場謙一(5)は、心理療法家の間に分極化現象が起こっている。二、三千円の安い料金でクライエントを受け入れるセラピストがいる。それで生活を賄えるとはとても思えない。しかもそのため一万円前後の高額のセラピストを訪れるクライエントの数が減っている。その結果、とも倒れ現象が起こりつつあり、心理治療家全体の立場が怪しくなっている、という。その状態をとりあえず解決するための第一歩が心理臨床家の国家資格を取得することだ、というのが彼の意見である。

同じく精神科医の藤山直樹(6)が、同様の意見を表明している。彼によれば面接一セッションあたり五千円でも生活を支えるのには不十分である。せめて一万円はいただかないと引き合わない。自分が一回一万円の枠を崩せないのは、このサービスがそれだけの費用に見合うだけのものであることを示すためである。それにしてもその際、医師という国家資格に支えられているところが大きい。臨床心理士も少しでも早く国家資格を獲得しなければプロとしてやってゆくめどは立たないのではないか、と。

前述の心理臨床家の年収一千万円説に基づいて、スクールカウンセラーの時給五~六千円が必ずしも高給でないことを示しておく。実際にはありえないことなのだが、週五日一日八時間の勤務が可能とすると五千円×八(時間)×五(日)×四(週)イコール八十万円である。心理士は貧乏だからこれだけで凄《すご》い収入と思ってしまう。しかし休みは無収入だし実働は十一カ月未満である。十一(カ月)を掛けてみても年収八百八十万である。バブルのころ、四年制大学卒の都市銀行に勤める四十代の男性行員の年収は優に一千万円を超えている、と週刊誌が報じていた。それに役がつけばさらに手当てがつく。何やかや言いながら定期昇給もある。予断は許さぬにしても退職金や年金もつく。修士号どころか博士号もあり、外国で何年も苦労してきた、もともと〝優秀な〟心理臨床家が一千万円では分が悪すぎる。スクールカウンセラーは、二十五歳の駆け出しも中年以降の大ベテランも時給は一律の五~六千円なのである。三十歳前後なら一応の高給とりといえようが、それがずっとそのままでは、中高年になり子どもに金のかかるときが来るとかなり厳しいことになる。スクールカウンセラー制度にあぐらをかいているわけにはいかないのである。

そこで第一節に述べた開業が問題になる。ところがここ数年、精神科ないし心療内科の個人クリニックの自由診療で、カウンセラーに相当な取り分を認めるところが出てきた。筆者の知る限りまだ大都市に限られている。それは医師が附設の心理治療部門を半ば独立させ、そこにカウンセリングが適当と考えられている患者を紹介し、カウンセラーは自分の裁量でクライエントとカウンセリング契約を結ぶ。料金は大よそ一万円前後である。そのうちの何パーセントかあるいは二千円とか三千円を、クライエントの紹介料ないし設備の使用料として医師に支払うシステムである。スクールカウンセリングの時給よりかなり上回ることが多い。もちろんプロとしての厳しさが伴う。

クライエントは払ったお金、費やした時間と手間に見合うお返しがなければ続けて来てくれないからである。その判断はもっぱらクライエントの主観的基準による。大学教授だとか著書が何冊もあるとか、偉い人に紹介されたとか、外国でとった資格があるなどのことは、カウントされない。逆に無名の人で「よい」となれば続けて来てくれる。来談を約束したのにクライエントは現れない。一緒に仕事をしている無名の同僚は面接に入っている。受付の人や看護師は何も言わないけれどじっと見ている。やめろと言われなくてもいたたまれない。前評判の高い人ほど居づらくなる。医師の方も中断が続くとさすがに患者を回しにくくなる。結局、力のないカウンセラーは自らやめざるをえなくなる仕組みである。

以上、プロとしてやってゆくのに、臨床心理士の多くが十分な力を身につけていないことを述べてきた。少なくとも現時点において、平均的な臨床心理士と精神科医の間には、訓練度、責任感、実力において越えがたい溝のあることを認めざるをえない。それに応じて、両者の待遇においても月とスッポンほどの格差がある。資本主義社会が、原則的には能力に応じて支払うシステムであることはすでに述べた。その限り、多くの問題を含みながらも、臨床心理士の現状は〝こんなもの〟なのかもしれない。次節では、医師と臨床心理士の差について、比較的最近考え始めていることを述べて本章のむすびとしたい。

第五節　カウンセリングと精神療法

日本臨床心理士資格認定協会が資格試験の受験資格を修士課程修了以上としたのは、高卒後六年間の専門教育を受けていること、を条件とするためである。日本の大学教育は長い間、医学部だけが六年課程で他学部は四年であった。この二年の差が、初任給から始まって昇進昇給の場合に大きくものをいう。そもそも日本心理臨床学会の発足が、心理臨床の場で働く心理学出身者のあまりに劣悪な状態を改善することを一つの目標にしていた。それがかなり改善されて、やっと前節に述べたようなところまで来たのである。修士以上という認定協会の受験資格は、当分は無理にしても、いつかは医師と同格の、領域の異なる高度の専門的技術者としての臨床心理士がイメージされている。しかし、臨床心理学の大学院の受験資格が学部を問わず四年制大学卒以上となっているから、そういう人たちは臨床心理士のための専門教育を二年しか受けられない。高卒後六年の専門教育と言いながら、医学部の状況と比べれば相当なへだたりがある。

それと医学教育には百年以上の伝統がある。臨床心理士養成コースとしては何年か前、やっと中京大学にわが国はじめての心理学部が発足した程度である（その後、京都文教大学に臨床心理学部が発足した）。大学院の臨床心理学のカリキュラムも、河合隼雄が京都大学に赴任した一九七三年以降やっと格好がつきはじめて、現在なおまだはっきりしたシステムは出来上がったとは言いがたい。とくにカウンセリングでの実践が、第一章や本章第一節で述べたように、まず素人集団によって担われたことがあとを引いている。とくに病院臨床についていえば、いわば医療の専門家集団のなかに素人同然の形で入り込んだのだから、当初は手取り足取りで、医師の「指示」なしに動くことなどほとんど考えられなかった。それに大抵が非常勤という形であったから、半ば雑用的な半端仕事しかやらせてもらえなかった。かなりハッキリした上下関係のごときものが最初から出来上がっていたのである。そういう状況で同格の専門家といっても、現実とはあまりにかけ離れた夢物語として、心理臨床家自身が本気で考えていなかったきらいもある。

しかし約半世紀の間に、医療領域に限られることなく、われわれの経験も次第に蓄積されてきた。病院臨床についても医師と同格とはとてもいえないが、自分なりの意見を言えるくらいにはなっている。そのうち、医師の主宰するチームの一員としてではあるが、医師とは異なる活動領域があり、それが全体としての医療に十分寄与しうることも見えてきた。それが第三節の臨床心理行為に他ならない。そういう背景を踏まえて、臨床心理士の国家資格の問題が浮上してきたのである。と同時に、一見奇異な現実が見えてきた。それが本節に「カウンセリングと精神療法」というタイトルを付した理由である。

精神療法とは、医師たちが心理療法を行うに当たってつけた名称である。もともとの英語はサイコセラピーだから、明らかに心理療法と同義である。しかし心理臨床家たちは心理療法ないし心理治療という訳語を使っている。ちなみにロジャーズは、サイコセラピーもカウンセリングも同じだとしている[7]。しかしここでそういうことを議論しても始まらない。私自身は、心理療法ないし心理治療を、精神療法とカウンセリングを含む上位概念として位置づけている。単純化すれば、医師の行う心理治療が精神療法で、心理臨床家が行えばカウンセリングになる。個々の場合についていえば、この分け方は乱暴にすぎる。しかし現時点では、最善とはいえぬにしてもかなり妥当なところではないか、と考えている。

というのは、私の考えでは精神療法は臨床心理行為になるからである。現在その主流はいわゆる力動的精神療法、つまりフロイト派やユング派と思われる。そしてそこでの主要なメンバーは、創始者も含めてあかた医師である。しかしこうした療法は、催眠療法も含めてエレンベルガー[8]にいわせると、太古から行われており、必ずしも医師の仕事ではなかった。たまたまそれを近代的な形に整えたのが医師であったために、医師の仕事と見なされてきたにすぎない。だからこそ、長年の論争はあったにしろ、非医師の分析家がユング派にもフロイト派にも見られる。逆に精神科医であるだけで分析家と認められるわけではない。心理臨床家という大枠でみる限り、精神療法もカウンセラーも変わりがないのである。

ところが、最近私はまったくの個人的印象に基づいてではあるが、精神療法とカウンセリングがかなり違うことに気づくようになった。丸田[9]は心理治療（精神療法ないし精神分析という意味で使われている）とカウンセリングとの差は、前者が無意識を扱うのに対し後者は意識に近いレベルを扱う、といっている。これも一つの分け方である。しかし私はこの定義を心理療法イコール臨床心理行為という上位概念の下の下位概念間の差を指摘したもの、と思っている。すると何をもって精神療法とカウンセリングとの差を考えるのかということになる。今の私には、精神療法家とカウンセラーの患者ないしクライエントの精神医学的にみた場合の質的な差、および引き受けるケース数の圧倒的な差が大きい、と思われる。

直接話したり書物を通して知っている精神療法家は、私の場合、精神分析家が多いのだが、そういう人たちの日々会っている患者の数は、三分間診療まで入れるとおびただしい数に上る。私自身はカウンセリングをはじめて四十年を越えた。だから相当数のクライエントやスーパーバイジーに会ってきた。しかし、統合失調症や境界例の人たちとはそれぞれ十人も会っていないと思う。その人たちにしてからが軽症例である。中井久夫の会っているケースとはまるで違う。病院やクリニックで仕事をしている若いスーパーバイジーたちの方が、私より遥《はる》かに重い患者と会っている。それでスーパービジョンができるのか、と聞かれそうだが、私なりには手応えがあり、できていると思っている。それはカウンセラーの仕事を臨床心理行為と考えているからである。もちろん医師との協力（あえていえば、実際にはその指導のもとで、である）は不可欠であるが。そしてそうしたスーパービジョンは、私にはひそかな楽しみにさえなっている。私自身のレパートリーの狭さが、補われている感じすらある。

現在私は週十五人ほどのクライエントに会っている。臨床心理学を教える大学教師は、少なくとも毎週十人くらいのクライエントと会っていなければならない、という恩師のことばに従って、である。精神療法家に比べて圧倒的に少ない。それでも大学教師としては多い方だと思う。それが歯痒《はがゆ》い。以前、尊敬する精神科医（大学教員でもあった）に、週に二回の外来と主治医として大学病院で診ている患者を合わせると毎週ゆうに百人を超える、と言われて驚いたことがある。そして本も読み原稿を書き酒も飲む、と酒の席で言われた。しかも私の見るところ精神療法の腕は平均的な臨床心理士の域を遙《はる》かに越えている。薬を使用できたにしても、である。臨床心理行為の実践者のなかで、現在リーダーと目されるべき人の多くが精神療法家であることを認めざるをえない。そのうえ、当然のことだが精神科の医師としての訓練を積んでいる。その実践がカウンセラーとはかなり異なる質を含んでいるのは明らかである。

にもかかわらず、本章ではカウンセラーでないとできない、しかしクライエントには不可欠のサービス、を臨床心理行為と呼んできた。なぜそうなのかを説明するのは、本書全体の仕事である。それはひょっとしたら、医師である精神療法家が医師でない精神療法家に期待していることではないか、とも思う。Ａ－Ｔスプリットという考え方に、すでにそのことが反映しているようにも思うのだが、どうであろうか。カウンセラーとしてのアイデンティティを確かめるために、多くの困難と混乱のあるのを承知のうえで、精神療法家とカウンセラーとの異同に思いを致す必要のあることを、個人的印象に基づいてあえて一言した。

（もっとも医療領域で長年経験をつんだ臨床心理士のいることは承知している。ただし彼らは心理療法家というより精神療法家と呼ばれることを好むようである。）

第三章　ロジャーズのころ

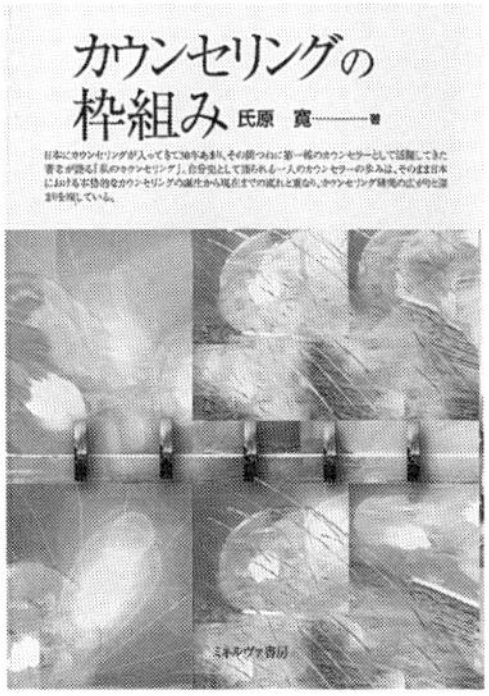

3

第一節　カウンセリングの始まり

第一章で恥ずかしいほどプライベートな面に触れた。私がどんなプロセスでカウンセラーになったのかを知っていただきたかったと同時に、まったくの素人が偶然のことからこの道に入り込んだのが、かなりの程度境界人的かつ周辺人的性格からの必然的成り行きであったかもしれないと思うからである。カウンセラーを志す人たちが、多かれ少なかれターナー[1]のいうコムニタスへの親近感があり、それがある種の性格傾向を作っているのではないか、という思いがある。

第二章では、とくに若い心理臨床家に、いま一番言いたいことを述べた。プロとして恥ずかしくないだけの力量を身につける気があるのかどうか、ということである。同時に、四十年ほど以前、ロジャーズフィーバーに浮かされた素人集団のもつ救いがたい素人性が、いまの多くの臨床心理士たちにいまだに尾をひいているのではないか、という危惧《きぐ》がある。われわれの世代、といってもほとんど河合隼雄先生一人におんぶに抱っこという状態であったのだが、その使命は終わりつつある。いろんな意味を含めて、国家資格を取得して専門家としての自尊心を損なわずにすむ立場を築くこと、が悲願であった。それが今や予断を許さぬ状況になりつつある。第二章には、それに対する警鐘としての役割を果たすことができたら、という願いが込められている。

そこで本章では、一、二章を受けて、わが国でカウンセリングがどのようにして始まったのか。そしてどのような方向に進もうとしているのか、について私見を述べたい。

わが国ではじめてカウンセリングの実践が始まったのは、第一章で述べたロジャーズフィーバーの時期、昭和三十（一九六〇）年代と考えてよい、と思う（ここで昭和と西暦年にズレがあるのは、大体そのころという意味にとっていただければよい）。すでに述べたようにそのころ、心理臨床の実践に従事している者は皆無に近かった。いずれこの時期の歴史的事実は、本格的な日本臨床心理学史として明らかにされることになろう。現時点ではわずかに大塚[2]によるもの一つである。しかしこれは、どちらかといえばアカデミズムの立場から書かれており、当時実践の主流を担った素人たちの動向については関心が薄い。実はアカデミックな大学人にしてからが、カウンセリングの実践に関しては素人同然であった観点が抜け落ちている。私自身はそのころ、高校教師から教育研究所に移ったばかりであり、こうした素人集団の真っ只中にいた。したがって本章で述べることは、アカデミックな動きの外側で、つまり境界人ないし周辺人としての立場から、大きな流れに直接タッチすることなく、ひたすらそれに流されつつ感じ考えたことに基づいている。それだけ十分に広い視野に欠けていることはお含みいただきたい。

ロジャーズフィーバー以前のカウンセリング的活動といえば、品川不二郎[3]による心理テストに基づく教育相談的なものにとどまっていたと思う。それがアカデミズムの世界でどのように評価されていたのかについて、私自身には十分な情報がない。しかし教育研究所で教育相談係に放り込まれ、ロジャーズフィーバーに巻き込まれているさなかでさえ、研究所の書架には彼の著作が何冊かあり、一応は目を通していた。案ずるに、心理学者が〝臨床的〟に活躍したのは心理テストを通してであり、そういう仕事は応用心理学の一部門として考えられていたのではないか。そして一部の先進的な精神科医たちが、テストに習熟した心理学者たちを自分たちのチームに取り込んで、医療の幅を広げようとしていたのではないか、と思われる。ごく大雑把にいえば、知能検査とロールシャッハテストの知見に精神科医たちが興味をもち、その方の専門家として、心理学者を活用しようとしていたのではないか、と思う。その限り、精神科の患者に対して心理治療的に関わることを期待してはいなかったのではないか。だから心理学者の方も、アカデミックな専門家としての立場を脅かされることはなかったのだと思う。

教育研究所の相談係でも、カウンセリングのかたわら小・中学校の特殊学級（現在は養護学級）の子どもたちに、知能検査やロールシャッハテストを施行するのが一つの仕事であった。それはそうしたアカデミズムの流れが、そういう形で現場にもしみ透っていたのかと思う。第四節でとりあげるが、共感的理解か診断的理解かで長年悩むことになる二律背反が、当初はそれと意識されることなく、一種のルーティンワークとして行われていた。関西ロールシャッハ研究会に参加するについても、当たり前のことという認識しかなかった。

そこへ降ってわいたようなカウンセリングブームである。それがカウンセリングワークショップという形で導入されたことは、第一章ですでに述べた。私をも含めた素人集団にははじめからロジャーズしかなく、現実にクライエントに会っていかなければならない事情があった。正確にはもっと調べねばならぬ事情がかなりあるはずであるが、当時の教育委員会所属の教育研究所相談担当所員の立場からは、アメリカの要請により学校現場にガイダンスが導入され、その一環として学校カウンセリングを取り入れようとする文部省の動きがあった。それを受けて各地の教育研究所ないしセンターに教育相談係が置かれ、活発な相談活動が展開されつつあった。他方、各学校、とくに中学校の教員を大量かつ早急にカウンセラーとして養成するために、カウンセリングワークショップに公費で参加させることが行われていたのではないか。私がはじめて友田不二男の高野山のワークショップに参加したとき、多くの公立中学校の教員に出会ったが、いずれも出張が終わると自校内にどのような形でカウンセリングルームを開設するか考えねばならぬ、と口にされていた記憶がある。

そのための体験学習としてワークショップへの教員派遣があった、と思う。その体験が日常的な役割関係の窮屈さにがんじがらめにされている参加者に、多かれ少なかれ目からうろこの落ちる、文字通り「本当の」自分に触れているという実感を味わわせた。その上にロジャーズの三原則がある。それは当時アメリカ的民主主義の日本版のようにうけとめられた。それもあってワークショップ体験を重ね、それと似た体験をクライエントとともにすることさえできれば自分でもカウンセラーになれる、と本気で思いこんでいる人もいた。このような学校カウンセリングブームは、さすがに数年で下火になったが、今日のスクールカウンセリング制度の嚆矢《こうし》として記憶にとどめておいてよい、と思われる。

大学関係者の動向については次節に述べる。直接関わっていなかったので、詳しいことは知らない。しかし研究者的姿勢が災いして、素人集団のようには実践にうちこめなかったようである。

第二節　日本臨床心理学会と日本心理臨床学会

ワークショップ熱に浮かされていたグループに、どういうわけか企業の人事関係者がかなり居た。当時アメリカのホーソン工場のワークショップ的な実践的人事管理や、ロジャーズ風のワークショップとはちょっと違う、グループダイナミックスの研究者たちのいわゆるTグループの試みなどもあったから、それらとの関連があったのかもしれない。しかしこれらの人が、教員同様、心理学にはズブの素人であったことは間違いない。私の目から見て、カウンセリング導入のころ、つまり一九六〇年代のわが国のカウンセリングの実践は、こうした素人たち、学校カウンセラーや産業カウンセラーの卵たちによって担われていた。そのせいもあり、ワークショップの世話人のなかには、大学人に混じってこうしたかなり怪し気な人がかなりいた。第一章で述べたように、教育研究所でカウンセリングを始めて二年目の私がいたのだから、間違いない。しかしその大学人たちも実践については同じく素人であった。それまで心理的につまずいた人たちに直接働きかけることなどやったことがないのだから、当然のことである。当時としては珍しく視野の広い医師と一緒に、といっても心理テスターとして、いわば補助職的なところで仕事をしている人たちもわずかながらいたけれども、心理治療というより精神療法としてのカウンセリングとなると、ロジャーズの理論と方法しかなかったのではないか、と思う。しかも相手が精神科の患者集団となれば、好むと好まざるとにかかわらず、医師の相当強力な指導を仰がざるをえない状況であったろう。そのころ、それらの人たちは、やがてカウンセリング界で指導的役割を果たすようになるのだが、現場での実践家というより、アカデミックな大学人、研究者的アイデンティティを失わずにやってられるように見えた。その限り例外的なエリート集団という趣きがあった。そのせいもあってか、精神科で仕事をしているというだけで、カウンセラー仲間では一目置かれる状況があった。

そういう人たちの間から、やがて澎湃《ほうはい》として学会を作ろうとする動きが出てきた。今にして思えば、それらの人たちには応用心理学の一部門としての臨床心理学という考えが強かったと思う。多くが心理学科出身である。モデルとしてそれまでの心理学関連学会の組織や運営法が頭にあったと思う。そして一九六四年(昭和三十九)、それまでにすでにあったいくつかのグループが大同団結して、日本臨床心理学会が誕生したのである。漠とした共通理念としてロジャーズの理論と方法、実践的には心理学になじんだことのない多数の素人、心理学の専門家ではあるが実践的には素人と変わらない小数のリーダー。私にとって驚きであったのは、いつの間にか驚くほど多くの心理学科出身者が医療領域に入りこんでいたらしいことである。もっとも渡辺(4)によれば、彼が心理検査助手として小さな精神病院に入ったのは大学工学部を中退して仕事のない折のことだから、心理学新卒以外の学歴的には高卒で病院臨床にはまったくなじんでいない人物に、病院側がそれほど期待していなかったことが推測される。もちろん待遇もそれに見合う程度のものであったろう。そういう人たちが大勢いたのである。

学会が発足すると、同じ心理臨床の仲間ということで、少数のアカデミックエリートと、いやおうなしに実践（さまざまな雑用も含めて）に従わざるをえない多数の素人に近い人たちが参加した。その間の埋めがたい裂け目にリーダーたちは十分気づいていなかったと思う。当時は六〇年代安保の世代で大学改革の嵐が吹き荒れていた。国際的にも怒れる若者たちが改革を叫んで、旧い権威の打倒を目指していた。そうした動きの影響もあったかもしれない。挫折は意外に早く来た。しかし私には、発足当初からのアカデミズムと臨床現場とのギャップがより本質的な理由だったと思われる。しかもそういう状況で、学会が心理技術者資格審査業務を開始しようとしたことが、火に油を注いだ。

一九七〇年（昭和四十五）の第五回大会の総会で「壇上に並んでいる理事の先生方は皆さん大学の先生で、現場で働いているわれわれの状況をどれだけご存知なのか」という発言に色を失ったリーダーたちのなかで、会長の戸川行男の講演だけが印象に残っている。「今まで心理学教育の場ではもっぱら研究者養成だけが目指され、研究者になれない者は落ちこぼれとして面倒みることをしなかった。医学部や工学部のように高度の専門技術者養成という仕事の重要性に気づかなかったのは誤りであった」という趣旨であった。これがきっかけで学会は瓦解《がかい》した。新しく若いリーダーが選ばれたが、それとともに学会が政治運動にのめりこみ、個々のクライエントとの関わりについて関心を失っていったので、ほとんどの会員が脱会することになった。しかし学会そのものは存続し、そのことが後に奇妙な問題を引き起こす。

日本心理臨床学会の創設は一九八二年（昭和五十七）である。臨床心理学会の崩壊から十二年経っていた。奇妙な問題はその名称である。それまで心理臨床ということばはあったが、心理臨床学ということばはなかった。もともとはクリニカルサイコロジーの訳語である。しかし臨床心理学会はそれなりに続いている。登録商標に似て、その名称を名乗るわけにはいかない。そこで心理臨床学会となった。それはよい。しかしそのために心理臨床学ということばが生まれ、近ごろはそれをまるで臨床心理学とは異質の学問であるかのように考えている人がいる。むしろそれを推奨する人たちもいるらしい。精神療法と心理治療が同じサイコセラピーの訳語でありながら意味の異なるのとは少し次元が異なっている。前章で述べたように、わが国の伝統として精神療法はカウンセリングとは違うだけの質をもつに至っている。また心理治療よりも特異的である。しかし心理臨床学は臨床心理学の言い換えにすぎず、言い換えるに足るだけの内容を備えていない。それが政治的な意味もこめてひとり歩きしはじめているのは、ことばに厳密であるべき専門家集団のとるべき態度とは思いにくいが、いかがなものであろうか。

心理臨床学会については言いたいことが二つある。一つは学会設立に当たって、学会の当面の目標をどこにおくべきかについて白熱の議論のなされたことである。資格が先か実力が先かの問題であった。というのは医療の現場では、医師も看護師も薬剤師もすべて国家資格を有している。それによって身分が保証され、それなりの発言権も認められている。だから病院の心理臨床家にもまず国家資格をという、現場からの切実な要求があった。臨床心理学会がアカデミズムに偏って崩壊した苦い経験を踏まえている。それに対して、実力さえ涵養《かんよう》すれば評価と待遇はおのずからついてくる、という正論があった。そして資格獲得を優先する現実論が大勢を占めた。

もう一つは、学会大会における発表をインテンシブな事例報告に絞ったことである。一つの報告に三時間をかけ、ベテランといわれるコメンテイターを配し、おそらく多くの心理臨床家には初めて接する地についた事例研究会であった。それによって、全国の心理臨床家のレベルの著しく向上したことは、衆目の認めるところである。

そして、そうした動きのなかで中心的役割を果たしたのが河合隼雄である。一人の人間の存在がこれほど大きな力を発揮した例は、他の領域でも珍しいのではないか。ただしそれについては次節で述べる。

第三節　河合隼雄の帰国

一九六五年（昭和四十）、河合隼雄が日本人ではじめてユング派分析家の資格をとってチューリッヒから帰国した。そして二年後、『ユング心理学入門』(5)を出した。後に文教大学の学長になった水島恵一をして、謎に包まれたユング心理学が眼からうろこの落ちたように見えてきた、と言わしめた本である。さらに三年後の一九七〇年（昭和四十五）、『カウンセリングの実際問題』(6)が出た。主に現場の心理臨床家を集めての連続講義をまとめたものであり、文字通り痒《かゆ》い所に手の届く、いまだに今日的意味を失っていない名著（必ずしも彼の主著というわけではない）である。夢分析などおくびにも出さず、当時ロジャーズ一辺倒の日本の心理臨床の世界で、極めて有能なカウンセラーとして次第に認められていったのである。

一九七三年（昭和四十八）、河合は天理大学から京都大学に移る。ここで河合のやったことは臨床心理学の大学院カリキュラムの整備である。それまで各大学とも、大学院に臨床心理学専攻のコースを設けていたが、具体的にどう整えるかに迷いが多かった。アカデミックな心理学研究と臨床的な実践をどうつなぐかに問題があったのだと思う。河合は大学院附属の心理教育相談室における学生の実践を重視し、各自にスーパーバイザーをつけ、また授業として行われるケースカンファレンスにおいてインテンシブな討論を行った。さらに相談室紀要を刊行して学生たちの事例報告をのせ、それぞれに経験者のコメントをつけた。これは当時としては画期的な試みで、その後続々と開設された大学相談室紀要のモデルとなった。現在では若干マンネリズムの気配があるが、それに代わる方式はまだ考えつかれていないように思う。

河合の功績はいろいろあるけれども、本書とのつながりに限れば、アカデミズムと臨床実践との乖離《かいり》を結びつけたことである。というより、心理臨床とはもともと理論と実践がわかちがたく結びついている。さらにいえば同じ現実の表と裏をなしており、わが国の特殊事情がたまたま両者の遊離をもたらしていたにすぎない。前節にひいた戸川の講演にあるように、高度の専門的技術者養成を怠ってきた咎《とが》めである。だから河合の仕事は、専門家としての心理臨床専門家養成のシステムを本来の姿に戻した、ということができる。ただしそのころわが国にはそのモデルがなかったから、実際には新しい事業を起こす以上に大変な仕事であった。わが国に独自の伝統的な心理学の考え方があったからである。現に河合は京大着任に当たって、一応臨床心理学講座となっているが、実際は教育心理学第三講座であることを忘れないように、と念押しされたという話がある。

当時私は大阪カウンセリング研究会を作って、月一回のテープ研究会や年一回の二泊三日のカウンセリングワークショップ、それと年二、三回の講演会や講座を催していた。先にあげた『カウンセリングの実際問題』はそのような講座のひとつである。著名な講師を招く場合にも、河合の手をわずらわせることが一度ならずあった。研究会のメンバーは、大学教員も含まれていたが、全員が実践家であり、かつての素人集団のメンバーが多かった。私自身は臨床心理学会に属していたが、リーダーの人たちとの接触はほとんどなかった。しかし毎日クライエントに会わねばならず、何とか少しでも力をつけていかねばならなかった。偉い先生はおられたが、実践指導を期待することはできなかった。仕方なく自学自習のグループを作り、すでに述べたテープ研究を中心に〝研鑽〟していたのである。成り行きでこの道に入り、将来それでやっていける見通しもなく、それでもとりあえずの熱意だけは盛んだった。文字通りの周辺人、境界人たちの集まりだったと思う。

河合との接触がそういう不安を解消したわけではない。しかし臨床実践については目からうろこの落ちる思いがした。もちろんそれで河合のいう通りにやれるわけではない。しかし臨床家としての生きたモデルが目の前にあった。難しいクライエントに出会って途方に暮れているとき、的確な助言が与えられた。あるいはカウンセリングの流れや、クライエントのおかれている状況について、河合のよく使った「腑《ふ》に落ちる」思いをしばしばさせられた。カウンセリングが人の役に立つ仕事であり、努力を積み重ねればそこそこのレベルに達しうるらしい、とわかっただけでも意欲が出た。同時に、それなりのレベルに達するには容易ならぬ壁を突き破らねばならぬことが納得され、覚悟を新たにさせられもした。カウンセリングには、実践を通してしかわからぬ主観的な経験的側面と、それをことばを通して他人ともわかちあえる客観的な認知的側面があること、一見矛盾する、そして現実的にもしばしば葛藤《かっとう》を生むこうした二つの方向性が、河合という一人の人物に体現されているような思いがした。

そういうこともあって、医療領域で働く者も含めて心理臨床家たちの間から、おずおずとしたものではあったが、自分たちの臨床活動についての自分なりの意見を言える者が出てくるようになった。医師とも学校の先生とも家族とも違う、カウンセラーでないとできない、しかしクライエントには不可欠のサービス、と思える働きが形をとりつつあった。しかし社会的認知は低く経済的状態は劣悪なままであった。将来への見通しもほとんど立たなかった。臨床心理学会が臨床家たちの研鑽《けんさん》の場という意味を大幅に失って、十年以上経っていた。一九八二年（昭和五十七）、あらためて心理臨床学会の発足したことは前節で述べた。その動きの中心に、というよりむしろ牽引車的な役割を河合が引き受けたのは当然の成り行きであった。もちろんこれは河合ひとりの力によってなったことではない。動作法の成瀬悟策のように、実践的にも理論的にも文句なしのリーダーがいた。しかし私自身は、かつての素人集団とアカデミック集団をみごとにまとめあげた河合の手腕抜きに新しい学会の発足はなかった、と思っている。

その後の河合の活動については、ご承知の通りである。

第四節　共感的理解と診断的理解

表題のディレンマは、カウンセリングを始めた当初から私には大きい問題であった。しかし今思うと、あらゆる心理治療的な営みにつきもののことなのかもしれない。つまり主観的－客観的、経験的－理論的、感覚的－思考的、包括的－分析的といった、一見相反的にみえながら実は相補的な心の働きだからである。となるとこの問題は、カウンセラーにとって避けることのできぬ本質的な問いかけ、ということになる。

ロジャーズは確かに診断無用論を唱えている。(7) カウンセリングで大切なのは「いま・ここ」の出会いであり、その際なまじ生育史など知っているとかえって先入観となり共感のプロセスを妨げる、というのである。たしかにそういう一面がある。そのため現在でもそう考えているロジェリアンが、とくにわが国では少なくないのではないかと危惧《きぐ》している。われわれロジャーズ第一世代も当初そう考えていた[8]。ロジャーズに一層のめりこむにせよ、ある程度の距離をおくにしろ、そのような考えを自分の実践にどうおさめるかがわれわれの課題であった。そして今の若い、とくにロジェリアンをもって任ずる心理臨床家も、同じ問題に直面しているのではないかという思いが、あらためてこのテーマを取り上げさせた。

われわれにとっての躓《つまず》きの石は、ロジャーズの「クライエントの感じ経験していることを、あたかもクライエント自身であるかのように感じ経験しなければならない」ということばであった。そして文字通りクライエントの「いま・ここ」で感じていることを感じとろうとした。しかしこれが二人の別々の人間がいて、他方がもう一方を客体として感じとろうとする働きであることに思い至らなかった。二人がおればお互いがお互いに影響し、かつされあうことに気づいていなかったのである[8]。ここで私がまるで精神分析家の丸田[9]やストロロウ[10]のような間主観性論者のような語り口になっているのに我ながら少し驚いた。私は分析家ではないからである。もっともユング派のヒルマンも似たようなことを言っている。われわれカウンセラーは不動の存在で、クライエントのゆれ動く気持ちだけを一方的に感じ取ろうとしていたのである。面接の場がカウンセラー・クライエントが二人して作る共通空間であり、そこで両方ともがゆれ動くプロセスが実感しにくかったのである。

そこで奇妙なことが生じた。カウンセラーのイニシアティブの喪失である。今はさすがにそういうことはないと思いたいが、「あなたはいまこんなお気持ちでしょうか」と尋ね、「違う」と答えられ、「それじゃ、こんな……」と言ってまた「違う」と言われ、さらに「それじゃ……」と言って再び「違う」と返されて途方にくれる、といったシーンである。これはクライエントの気持ちを「客体」として把握しようとして次々と質問しているのだから、イエスかノーかはすべてクライエント次第である。詳しくは第九章で論ずることになるが、先に述べた共通空間におけるおのれの動き（というより動かされ）にいち早く気づき、それに基づいて発言する限り、クライエントにノーと言われてたじろぐことはない。さっきのようなやりとりでは、イエスの欲しいカウンセラーはついクライエントに迎合することになりやすい。共感が感じあうプロセスというより、クライエントの「いま・ここ」の感情状態を客観的事実として認識しようとすることになっているのである。

「いま・ここ」の強調についても、「いま」だけの「いま」、「ここ」だけの「ここ」などありはしないことが忘れられてしまっている。われわれが四十年以上も前にロジャーズにのめりこんだとき、しきりに言われたのが、「あるべき自分」と「いまある自分」の解離であった。つまり現実適応のためにはいまどうあるべきかをそのつど確かめねばならない。しかしそのために、いま自分が何をどう感じているのかを確かめることがおろそかになる。好むと好まざるとにかかわらず、やるべきことはやらねばならない、ということである。カウンセリングの目的は、クライエントがそのような「あるべき自分」に縛られた「いまある自分」に気づき、それを生かすようなありようを見出すことである、と教えられていた。

たしかにそこに一理はある。しかしそれだけの強調は、第一章で述べた構造・コムニタス論で述べた、コムニタス面だけを取り上げることになる。第九章でさらに詳しく論じるつもりであるが、コムニタス状況は束の間の仮象であり、構造化されてはじめて現実（顕在）化する。だから一見相反的であるが実は相補的である。微妙な問題を含みながら、そのことはいわゆる自己実現と現実適応についてもいえる。それを一方的に「いま・ここ」だけを強調したために、多くのロジェリアンを称するカウンセラーたちから見立ての能力が大幅に欠落してしまった。もっとも、わが国の当初の〝ロジェリアン〟たちが全員ほとんど経験のない素人であったことにもよる。カウンセリングには「いま」が「いつ」か、「ここ」が「どこ」かをクライエントに気づいてもらうという、重要な側面のあることを見逃してはならない。ただし、これについては次節で触れる。

素人ついでに言っておくと、私が共感的理解と診断的理解の問題にこだわらざるをえなかったのは、カウンセリングの実践と同時に、ロールシャッハテストの勉強が始まったからである。そのころの大阪市教育研究所ではそれが当たり前のような雰囲気があった。第一章で述べたように、ほとんど毎日クライエントが見えたし、特殊学級を回って子どもたちにロールシャッハを施行したり、研究所に来談する子どもたちに行うこともあった。おそらく私の職場だけでなく、似たようなことは各地の相談機関でも行われていたように思う。

たぶん大学関係の臨床家たちがそうしていたのだと、今にして思う。当時、臨床心理学に関心をもっていた大学人も、カウンセリングにかけては素人同然であったことはすでに述べた。だから専門家としてのアイデンティティを確かめるためには、心理テストしかなかったのではないか。心の豊かな精神科医たちが心理学者に期待したのもそれであったろう。しかし生育歴も知らない方がよいとするロジャーズの考え（当時のわれわれはそう思っていた）と、ロールシャッハという枠組みに当てはめて患者を理解しようとする態度とは、明らかに矛盾していた。知ることは感じることを妨げる、と単純に思っていたからである。伊谷純一郎(11)はアフリカで村入りの儀式の際、カブト虫の幼虫らしきものを出され、必死の思いで口に入れたが吐き気に近い生理的な拒絶反応が出たという。ある文化で食物カテゴリーに分類されていないということが、強烈な感覚的・感情的反応を呼び起こすのである。ロールシャッハ反応から得た知見が、カウンセラーのクライエントに対する態度に何がしかの影響を及ぼすことは避けられない。しかしそうした認識を踏まえて「いま・ここ」のクライエントと向かい合えば、そのような認識のない場合には思いもかけないきめ細かい共感が可能になる。クライエントがどこから来てどこに帰ってゆくのかによって、カウンセラーの態度は変わる。「いま・ここ」の意味が、「いま」が「いつ」か、「ここ」がどこか、によって変わるからである。

知ることと感じることとは、そう簡単にわり切れることではない。それがわかってきたのは何年も経ってからである。しかしそれについては第七章、第八章で相当つっこんで考えるつもりである。ここでは二つの働きの矛盾に悩みつつ、誰もそのことに言及することなしにロジャーズ流のカウンセリングに従っているのが不思議であった。いくつかの論考はたしかにあった(12)(13)けれども、問題の本質をついているとはとても思えなかった。しかし一生懸命読んだ覚えはある。当時、指導的立場にあった人たちにも何かおかしいという感じはあったのだ、と思う。しかしそれをより明確な形で捉《とら》えるには、カウンセリングの方の実践経験がまだ不十分であったのであろう。

第五節　カウンセラーの見立て

前節で当初のロジェリアンたちに見立ての能力が欠落していたことを述べた。今も、とくに若いロジェリアンにはその傾向が残っているように思う。ロジェリアンと称しているけれども、当のロジャーズについても、自分の経験と照合して納得しようとする姿勢が弱い。第二章で述べたように、総じて専門職《プロフェッショナル》としての自覚に乏しい、というのがスーパービジョンを通しての私の印象である。

見立ての第一歩は、この私がこのクライエントのお役に立てるのか、それはどのようにしてかという吟味から始まる。もちろんそのためには、まずクライエントの問題をある程度明らかにしなければならない。しかしその問題を自分がどのように処理できるかの見通しをもつことが、決定的に重要である。

たとえば不登校の子どもが来談したとして、精神分析家ならば、とりあえずその病理がプレエディパルかどうかを見立てるのではないか。いきなり難しい、かつ不慣れなことばを使って恐縮している。このことばの意味をここで論じる気持ちは毛頭ない。本節にいう見立ての意味を説明するために取り上げている。私の理解では、このことばはウィニコット[14]のbeingとdoingという概念に発している。乳幼児はまあまあのケアを受ければ存在する（ビーイング）だけで充たされた感覚を身に付ける。それを基本的安定感といってもよい。その感覚が十分に育ってない子どもは、何かをすること（ドゥーイング）で大人に認められなければ安心できない。しかしそれがうまくいくと、ビーイングで充たされている子どもと表面上見分けがつかない。いずれもエディプス期以前、つまりプレエディパル期の（母子）関係の問題である。しかしどちらの子どももエディプス期以後はいやおうなしのドゥーイング（多かれ少なかれ大人の期待に応えるべく何かしなければならない）の時期に入るので、ビーイングである程度満たされている子どもも、ここで躓《つまず》くことがある。だからエディプス期以後に発現する不登校には二つの種類があることになる。つまり、基本的安定感はある程度育っているのだが、社会化の段階で挫折した者と、基本的安定感の乏しさをいち早い社会化で何とか切り抜けてきた者が、一層の社会化に対応しきれなくなって、もともとのプレエディパル期に由来する欠落感の露呈してきた場合とである。前者の場合は病理的には神経症レベル、後者の場合は精神病レベルというごく大雑把な分類が可能である。こういう分類をある程度知っていると、同じ不登校でも対応の仕方が変わる。ただしそれがわかったからといって、それに対応するだけの用意がカウンセラーになければ、宝の持ち腐れである。

もう一つ、精神科医でもあり分析家でもある松木[15]によれば、摂食障害には中核群と周辺群がある。中核群は手強《てごわ》く入院をも含めた長期にわたる体力的にも相当厳しい治療を覚悟しなければならない。周辺群には一種の流行のようなヒステリー性の者がおり、これは比較的簡単な短期の治療ですむことが多い。しかし顕在化した症状からだけではなかなか見分けが難しいという。下坂[16]の方法は松木のそれとはかなり異なっており、彼のいう〝常識的〟な方法であるが、そのキメの細かさは文字通り名人芸の域に達している。しかしこの障害に対する見方は必ずしも松木と同じとは思えない。深町[17]の方法も一時一世を風靡《ふうび》する感があったが、現代ではやや古めかしくなっているらしい。しかし、松木、下坂とは異なる枠組みによっているように見える。以上は摂食障害のクライエントには数えるほどにしか会ったことのないカウンセラーの、蚊帳《かや》の外からの印象である。しかしそういう違ったやり方、違った考え方を知っていると、そういうクライエントに会ったときの、こちらの対応は多かれ少なかれ、かつよかれあしかれかなり違ってくる。

しかし、以上はすべて医師たちの見立てである。おそらく背景に身体医学のモデルがある。そこでは正確な診断が的確な治療法と結びついており、診断さえ正しければ治るにしろ治らぬにしろ勝負は早い。また非医師のカウンセラーは、仮にそうした見立てができたとしても、医師が行うような投薬ができないのは仕方ないにしても、処置をすることはできない。たとえば下坂は前掲書で摂食障害の女性患者に対する触診の効果について述べ、非医師には出来ないのが残念であるとさえ言っている。

それではカウンセラーは、クライエントについて何を見立てるのであろうか。それこそが本書全体、とくに第五〜八章でじっくり考えることである。とりあえずは次章で、同じ見立てでも、医師、教師、ケースワーカー、さらには親とも違うことを述べる。ここでは、それぞれの役割が異なれば見立ても変わる、というにとどめておきたい。つまり先に述べた医師たちの見立ては、やはり医師の見立てである。同じ見立てができたとしても、ほとんどのカウンセラーにはそれに見合うだけの医学的対応をする用意がない。だから医師との協力なしに摂食障害のクライエントを扱うことはできない。しかし医師にはできない、しかもクライエントには役立つはずのカウンセラーの特異なサービスがある。それが第二章に述べた臨床心理行為である。それが、従来あまり問われることのなかった、しかし今や緊急の課題となりつつあることは、第二章で述べた。

そういう見立ては、いってみれば「やれる」という直観である。時々刻々に微妙に変わる。しかしいわゆる共通感覚に似て、全身的全体的な感じである。あえていえば意識的部分も無意識的部分も含まれている。受動性と能動性が混沌《こんとん》としてまとまったプロセスである。第五章、第六章で述べる意識の場についての説明を参照していただけると有難い。ただそれが具体的な面接の場でどう顕われるかについては、幸いに河合隼雄によるいくつかの断片的ではあるがサワリのような報告がある。心理臨床とはこういうものかと、かつてわれわれを驚倒させた話をいくつか紹介しておく。

はじめの話は、家庭内暴力の成績優秀な子どもについて相談に来られた両親とのやりとりである。いろいろな話の後に両親が、治るでしょうか、と問われた。河合は即座に必ず治りますと断言したらしい。喜んだ両親はそこで「どうしたら治るでしょうか」と尋ねた。それに対して河合は、おそらくまったく悪びれることなしに、わかりません、と答えたという。おそらく河合は両親の話から子どもの可能性を感じとっていたのであろう。また両親の話しぶりその他から、この両親の親としての可能性も見ていたのだと思う。だから確信をもって「治る」と言えた。しかしこの親子三人の間でこれらからどういうプロセスが展開するかは、この親子がそれこそ悪戦苦闘の末に自分たちで見出す、ないしは創り出すものである。そこまではさすがに河合にも見通せない。このやりとりの背後に河合の並々ならぬ見立ての働いていたのは確かである。それがこうした対決（直面化ではクライエントだけの仕事のように感じ取られるので、それが相互的なものと示すためにあえてこのことばを使う）を生み出したものであろう。

次は『おとなになることのむつかしさ』[18]にある話である。これも成績は優秀な、しかし男性関係の派手な女子高校生である。警察官や学校の先生や親に向かって、「私たちは愛しあってセックスしている。それなのに、あんた方は愛してもいないのに夫婦というだけでセックスしている。どっちが道徳的に悪いのか」と言いつのる。途方にくれたおとなたちが彼女を河合の所に連れてきたらしい。彼女に向かって河合は、「世の中には理屈抜きに悪いことがある。あんたのやっているのはその理屈抜きの悪だ」と言い、少女は納得して不純異性交遊をやめた。後で河合は、その折り自分は壁になっていた、というよりならされていた、と述べている。少女の求めているものを感じとり、期せずして父性的役割を演じていた、ということであろう。

もう一つはある講演で聞いたずい分以前の話である。ある中学校のカウンセラーは学校全体の信頼が厚く、担当した非行生徒についてはほとんど任されきりの状態であった。それが、その学校だけでなく地区の番長を張る大物の非行生徒を扱ったことがある。どういうやりとりがあったかはとにかく、生徒は足を洗うことになった。困ったのは子分たちで、親分が転向してどうしてよいかわからない。いろいろ番長に働きかけ、時に暴力を振るったりもしたらしいが、元番長の決意は揺るがない。そこで子分たちは他校の番長、かつては元番長の下にいた少年の所に泣きついた。結局、元番長はその番長とタイマン（一対一）で話をつける（決闘する）以外自分だけが脱けることはできない、と覚悟する。そしてそれをカウンセラーに告げたのである。そこでカウンセラーは「本日只今、私はお前のカウンセラーであることをやめる」と宣言した。驚いた元番長が「やめてどうするのか」と尋ねると、「教師に戻る。そして教師である以上そんな決闘を認めることができない」と然るべき手を打った。一件落着してしばらくしてから元番長は、「先生がカウンセラーをやめると言ったときが一番カウンセラー的だった」と述懐したというのである。

これは、カウンセラーの役割を通してではこの生徒との関わりにおいて本当の自分を出せなくなり、教師の役割に切り替えたのである。われわれは不自然な役割を通してしか本当の自分たりえない。その瞬間この少年はカウンセラーの純粋《ジエニユインネス》さの輝き出るのを感じたのである。先の壁になった（ならされた）河合と同じく、このカウンセラーは、このときはからずも教師に戻らされたのである。自分、少年、二人の関係についての咄嗟《とつさ》の見立てのあればこそである。

おしまいにもう一つ。これは「何もしないことをするのは、何かをするよりも何倍ものエネルギーが要る」ということの説明として聞いた話である。

たえず自殺願望を口にするクライエントがいた。ある日カウンセリングの終わりぎわに、「今日死ぬ。これが終わったら近くの踏み切りに飛び込んで死ぬつもりである。ついては踏み切りの見える角《かど》まで送って欲しい」と言う。そこで送らないで部屋にとどまる方が、送っていくよりも遥《はる》かに多くのエネルギーが要る、ということなのである。たぶんこれは河合自身の経験であろう。このように話せるのは、そのクライエントが生き延びたからであろう。しかしそのためには物凄《すご》いエネルギーの費やされたであろうことはわかる。私なら角どころか踏み切りまで一緒に渡って「とにかく来週もう一ぺん来てください」というのが精一杯と思う。そしてそれが私にできる最善のことなのである。カウンセリングとは、この私がこのクライエントにできる最善を目指すものであって、あらゆるクライエントに対する誰しもに最善の手立てなど、もともとありはしないからである。ということは、どのカウンセラーにも期待される客観的に正しい方法のないことを意味する。

河合の話がわれわれの心を打ったのは、淡々と時にはユーモラスにさえ語られる内容が、凄《すさ》まじいほどの迫力に満ちているからである。それはカウンセラーとしての役割を通して、生身の河合がおのれの限界のギリギリのところでクライエントと関わっているのが感じられるからである。そこで、これからはわれわれもこうすればよい、とわかるからではない。それはわれわれが一人ひとりのクライエントとの関わりにおいて工夫するよりないことである。しかしカウンセラーとしての基本的あり方、その背景にクライエントおよび自分に対する並々ならぬ洞察の含まれていることは、ここにあげた四つのケースのどれにも明らかであろう。ごく良質の事例報告に接したときの感動に近い。

そこで次章では、われわれの仕事が、他者のお役に立とうとするわれわれ以外の専門家の仕事とどう違うのかについて、一わたり概観しておきたい。

第四章

援助的人間関係

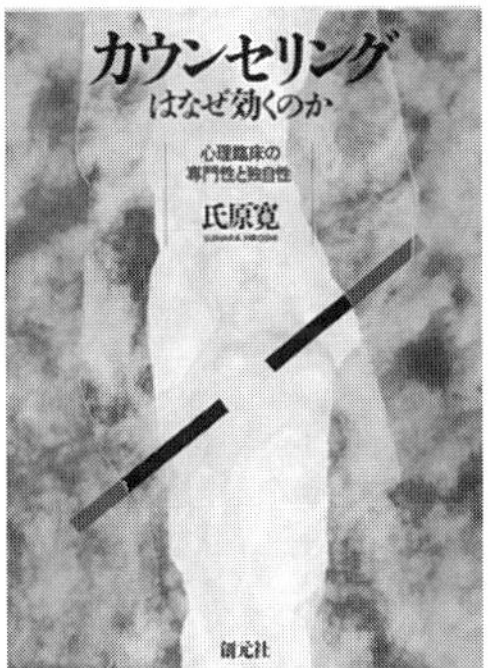

4

第一節　役割と本物性《オーセンテイシテイ》

前章のおしまいに、見立ては役割を通して行う、と書いた。それは本書全体に通底する、裸の人間関係などそもそもありえない、とする考えにつながっている。おそらく人間は、中心に核をもつ漠然と広がった全体感に包まれて生きている。通常それは意識としては背景に沈んでいる。意識が生ずるのは、外界の事物がその背景に映し出されるつかの間である。というようなことが私のいう「意識の場」であり、それについては次章以下で詳細に考察する。ここで言いたいのは、だから裸の自分、以前の文脈でいえば核に当たる部分を客体として認識することができない、ということである。「裸」の自分とは「本当」の自分を指すのであろうが、それは、外界の事物と接する限り経験することはできても、客体として認識、つまり意識、することは不可能である。つまり認識する主体は、そういう主体としての自分をすら認識（客体化）することができるが、認識しつつある主体はそのつど客体化を免れている。だから自分を何者であるか、あるいは裸であるか否かを判断（＝認識）する場合でも、判断する主体は、そうと判断される客体としての自分に含まれていない。それこそが本当の、裸の自分と感じられているにもかかわらず、である。

本節でこの議論に深入りするつもりはない。ただわれわれが自分について考える場合、考えられた自分はつねに客体化された自分であり、それが束の間の仮象（これについては次章を参照されたい）にすぎないことをわかっておいていただきたい。そうした仮象を映し出すことによって、先の言い方に従えば、自分の核または全体（論理的に一つの逆説であるが、経験的には同じことの両面である）が動き、仮象もまた変化する。あえていえば、顕在化した仮象と潜在的な全体的背景が調和的にしろ不調和的にしろ束の間、つながるのである。

ここで社会的役割を、人間関係における顕在化した仮象と考えていただきたい。それがあらゆる人間関係における照合枠になっている。同時に潜在的な背景が仮象＝役割関係を映し出す照合枠でもある。一概にはいえないが大雑把に前者を外界との、後者を内界との相互作用と考えていただいてよい。

そこで前章第五節の松木の場合を考える。彼が「摂食障害の患者」に出会うのは医師として、である。それを役割、ペルソナ、仮象と呼んでもよい。彼には家庭人としての、学究としての、あるいは大人として側面があるから、ある時ある場でのありようを彼の唯一の本質と決め付けることはできない。しかしそうしたそのつどの彼に通底する「彼」がいる。先ほどの表現に従えば、医師として、親として、学究としての仮象の彼を映し出す全体、つねに背景にあって認識はするが認識されぬ彼がいる。その彼が、認識されている医師としての彼に、どう生かされているか。

彼は患者と意味のある関わりを持とうとしているが、それは医師としての役割を通してのものであって、夫として、または友人として関わろうとはしていない。役に立ちたいとは思う。病気を治すことによってである。となれば患者の病いが何であるかを見立てなければならない。彼の知識と経験が総動員される。と同時に、その問題を処理するだけの能力が自分に備わっているかどうか、が吟味される。摂食障害であれば、彼の場合、中核群か周辺群かの見分けがまず必要であろう。それによって対応がかなり変わるからである。あるいは彼の力の及ばないと見立てることもあろう。患者の環境条件によっては諦《あきら》めねばならぬことも少なくないと思う。

もし同じ患者に私が出会った場合はどうなるか。私はカウンセラーである。だからかりに松木と同じ見立てができたとしても、それに対応する処置を施す力がない。私もその患者の役に立ちたいと思う。しかしそれは松木のように医師としてではありえない。カウンセラーとしてである。それは医師の場合とどう違うのか。いろいろあるけれども、あえていえば本書のテーマはすべてそれをめぐってのものである。それは次章から第八章にかけて詳論する。今のところ私としては、カウンセラーの仕事は、クライエントが病を背負ったままでも、自分なりに納得できる生き方を見出すのに役立つこと、と考えている。単純にいえば、クライエントの病気よりも人間を見る。ただしそのためには、前にも述べたA－Tスプリットに似た態勢を作ることになる。それは主治医と心理療法家の協力関係をさす。心理療法家が医師であっても医学的責任は主治医が担うのである。そうなってはじめて私はカウンセリングに専心できることになる。

次に前章で取り上げたもう一つのケース。カウンセラーがクライエントの少年に役割交代を宣言した例について考える。このケースは、役割交代がかなりスムーズに行われうることを示している。ただし松木の場合、医師役割と家族役割は相手が変わるので、もっとスムーズである。意識的な努力はほとんど要らないくらいであろう。このカウンセラーは教師カウンセラーであった。だから教師でもあるしカウンセラーでもある。その切り替えはかなりの意識的努力を必要とする。カウンセラーから教師へよりも教師からカウンセラーへの切り替えの方が、おそらく難しい。後でも述べるが、教師の主たる役割の一つは、子どもたちに集団生活を通して自分を生かす手立てを身に付けさせること、その限り外的適応寄りである。カウンセラーは原則的には一対一の関係を通して子どもに自分なりに納得できる生き方を見出させる、つまり内的適応寄りの変化を期待することである。したがって単純に考えれば、両者は正反対の方向性をもつ。

そのつどの方向性はこうした役割感（広い意味で意識のあり方の一つである）に映し出されるけれども、その役割感自体が潜在的かつ全体的な背景（これを共通感覚ないし主体感と呼んでもよい）に映し出されて、その程度には顕在化した意識である。それがそのつどの役割にどう反映しているか、または生かされているか。その程度がその人の本物性《オーセンティシティ》を示すことになる。これは直観的に自分にも相手にもある程度わかる。通常「裸の」と言われているのは、この本物性のことである。かつて素人集団がカウンセリングマインドということばで言い表したがっていたのもそれである。ただし彼ら（私も含めて）の場合、それがカウンセラーの役割を通してしか顕在化しないことを見落としていたことが致命的であった。

この生徒は、カウンセラーの役割交代宣言にもかかわらず、また役割はたしかに交代されたにもかかわらず、このカウンセラーの本物性《オーセンティシティ》の変わらないことに目を据え、だからこそ「あのときの先生が一番カウンセラーらしかった」と言えたのである。二人の間にはおそらく本物の出会いがあった。しかしそれは「カウンセラーとしての我」と「クライエントとしての汝」との出会いであった。役割の交代は、本当の出会いを続けようとすれば、カウンセラーとして出会えなくなったせいである。どのような出会いであれ、治療的側面を含んでいる。だからといってそれをカウンセリングとはいえない。かつ本物の出会い性を失ったカウンセリングはもはやカウンセリングではない。このカウンセラーは、たまたま現実においてもこの少年の教師であった。それだけ交代が容易であったとはいえるかもしれない。

以上、役割と本物性《オーセンティシティ》の微妙な関係について述べてきた。それがカウンセリング関係についてのさまざまな誤解を生んできている。そして援助的人間関係はどれも同じだとする、単純な結論に結びつきやすい。そのような誤解の生じやすい理由も述べたつもりである。繰り返し言っておきたいが、カウンセリングとはカウンセラーでないとできない、しかしクライエントには不可欠の独自のサービスである。だから同じく援助的人間関係を担う親、教師、ケースワーカー、医師とは違う。以下にそれらとカウンセラーの役割がどう違うのかを考えてみたい。

第二節　親の役割

エリクソン(1)によれば、ネイティブアメリカンの各部族の子育ての方法は千差万別であり、あるグループからみれば最悪の方法が別のグループでは最適のものとされている。にもかかわらずそれぞれの社会で、子どもたちはまともな大人に育っている。その社会を構成するメンバーがみんな、これこそが正しいと思いこんでいる方法で育てた場合、子どもはその社会を維持するのにふさわしいおとなになる、ということらしい。ローマでは父親は赤ん坊に対して生殺与奪の権限を認められていた。日本でも、士農工商の身分社会では身分相応の異なった育児法があった。たとえば武家の少女のしつけ方(2)は、今日ではまったく非人間的なものといえるかもしれない。伝説的なリュクルゴス法(3)によれば、スパルタでは有力市民の子弟は十代後半になると奴隷を一人殺さねばならなかった。四万の市民が、二十万の奴隷を支配する社会では、リーダーとなるべき男子にはそのような知力と体力と非情さが必要とされたのである。その結果、テルモピレーでペルシャ軍と戦い、全員戦死してギリシャを救った屈強なスパルタ軍が生まれたのである。

ということは、今日われわれが正しい育児法、つまりは親子関係、と信じているものが、所詮《しょせん》ある時期ある地域で正当とされているにすぎず、人類に普遍的なものとはいえないことを意味している。せいぜい生物学的な制約が基盤にあるくらいで、子育てが社会適応を目指すものである以上、文化的な諸条件に左右される。本書での今までの論法に従えば、自然的な内容は、不自然的、つまり人工の形式を通してしか顕在化しない、ということになる。

そこで現時点でいわゆる先進諸国において一般に認められている（と思える）親の役割を、子どもたちに基本的安心感を身に付けさせること、と考えるのが本書の立場である。そこで基本的安心感とは何かが問題になるが、それを、おのれをかけがえのない存在として実感できること、とする。さらにかけがえのなさとは、自分が自分でないと実現できぬユニークな意味を担っているという感覚、と考える。ということを前提に、今日のとくにわが国の親たちの子どもたちへの心情を憶測すると、よその子がどうなってもわが子さえよければよい、という気持ちが大きいのではないか。それはとんでもない家族エゴイズムである。「一人はみんなのために、みんなは一人のために」とか、「人間、みな兄弟」といったスローガンのもつタテマエ的発想からは、それこそが矯正されるべき心性であり、だからこそ道徳（教育）の必要性が叫ばれたりもするのである。そしてそのような危惧《きぐ》が必ずしも不当とは言い切れぬところに、問題の難しさがある。

親たちがこうした家族的エゴイズムに陥りやすいのは、わが子はかけがえがないからである。ロジャーズ(4)は、人間は他者に受け入れられてはじめて自分を受け入れることができる、と述べている。かけがえのなさについても同じことがいえる。かけがえのない存在として扱われて、はじめておのれのかけがえのなさが実感できるのである。家族的エゴイズムの背景には、こうした相互の密着した、多くはノンバーバルのコミュニケーションがひそんでいる。それが子どもの基本的安心感を育むことはすでに述べた。

ところでありえないことであるが、親がこうしたエゴイズムを克服している場合はどうであろうか。やや戯画的になるのを承知でいえば、「日本（世界人類といってもよい）の将来を考えれば、お前よりも向かいの賢ちゃんの方が有望である。だからこれからは賢ちゃんに肩入れするからさよう心得よ」などと言われれば、子どもはどう感じるだろうか。賢ちゃんは賢い。勉強もできる。スポーツは万能で学級委員もやっている。聞けば家ではお手伝いまでしているらしい。どこから見ても自分より上である。親に見放されても仕方がない。となると、子どもに残されているのは絶望でしかない。

ところが有難いことに、にもかかわらず子どもは親にとってかけがえがないのである。かけがえのなさは比較を越えている。だから、ある尺度から見れば明らかに賢ちゃんに劣るわが子が、少なくとも親は、その子でないと実現できないユニークな意味を担っていると感じ続ける。基本的安心感が完全に身につくことは、大人も含めて誰しもに不可能であるが、それによって子どもは、少々揺らいでも何とかもちこたえる程度の安心感・自尊感情を保ちつづけることができる。成長するにしたがって、子どもは他人と比較することで自分を定位せざるをえなくなる。当然おのれの限界に気づき多かれ少なかれ劣等感に苛《さいな》まれる。そのときこの基本的安心感がものをいう。少々傷ついても、私は私だと思えるからである。こうした安心感は、今までのことばを使うならば二者関係、ほとんどの場合、母子関係を通して培われる。存在する（being）だけで充実した状態である。それを踏まえて三者関係、比較の世界に歩み出すことができる。あえていえば、母性的状況から父性的状況への移行がスムーズになるのである。

ただし現在のわが国では、このあたりの状況が微妙に変容している。かけがえのなさとは、比較をこえた子どもの独自性を認めることに発している。ところがわが国では、ここに比較の原理が入り込んでしまっている。一口でいえば学力志向である。子どもたちは学力偏差値という共通の尺度によって比較され、それぞれの独自性によって認められることがほとんどない。自分なりに納得するという内的尺度よりも、偏差値という外的尺度によって評価され、独自の感じ方ないし考え方は、むしろ悪しきものとして退けられさえする。だからおのれの実現するべき独自の意味など感じるすべもなく、基本的安心感がほとんど育っていない。残されたのはグロテスクなまでに肥大した家族エゴイズムだけなのである。多くは学歴コンプレックスに駆られた親のエゴイズムの反映である。

そこで教育現場で奇妙な現象が生じている。すなわち家庭教育、つまり親子関係を通して培われるべき基本的安心感の十分に育っていない子どもが、大量に小学校に入ってきているのである。わが子がかけがえないというのは、かけがえのあるその他大勢のよその子とは違う特別の存在、という意味である。その特別扱いによって子どもの基本的安心感が育つ。しかし学校では、特定の子に対する特別な配慮は、文字通り特別な場合を除いて許されない。一人の教師が四十人の子どもを相手に過ごすとすれば、一人ひとりはみんな違うかけがえのない子どもであっても、その基本的姿勢は全員同じ子ども（人間）としての平等ないし公平に扱うことでしかない。もちろん特別な場合、たとえば、けがをするとか病気になるとかすれば、教師のエネルギーの多くがその子どもに集中する。しかしそれは、もしも僕または私があの子と同じような状態になったら、あの子と同じような特別な配慮を受けられるということで、いわゆるえこひいきとしては受け取られないですむはずである。

しかしこうした平等、公平扱いが親の特別扱いとは異なる、ある意味でより厳しい対応であることは確かである。多かれ少なかれ、子どもは欲求不満にさらされ、時に耐えがたい思いにかられる。しかし実はそのような厳しい状況に耐えることが子どもには必要であり、それが学校における集団生活を通しての教育目標の一つでもある。子どもは家庭での特別扱いを通しておのれのかけがえのなさを実感し、学校での平等・公平扱いを通して、友だちも自分も同じ人間であるとする社会性を身につける。いわばみんな違うけれどもみんな同じという、一見相反する原理を、自分というまとまった存在のなかにとりこんでゆく。だから親のような教師、教師のような親は、時に理想的存在のごとく思われがちであるが、実はマイナス作用の方が大きい場合が少なくない。

ところが、このごろの子どもには先に述べた理由から十分な基本的安心感が育っていない。むしろそれは肥大したエゴイズムに頽落《たいらく》している。したがって一人の先生を友だちと共有する用意ができていない。だからわれがちに先生を独占しようとする。どれほど優秀な教員であっても、一人で四十人の独占的要求にすべて応えることは不可能である。それが低学年における学級崩壊の根本的な理由と考えている。学校以前の家庭教育が崩壊しているのである。

平等・公平扱いについては、さらに付け加えておきたいことがある。河合は三十代にチューリッヒで家族とともに三年余りを過ごしたのだが、その間に子どもの幼稚園に参観に行ったことがある。するとずいぶん体の大きい子がクラスにいるので、驚いて先生に尋ねてみた。すると小学校から落第してきたのだと言う。そこでまたびっくりしていたら、日本ではどうなのか尋ねてきた。それで一緒に入学した者はみんな一緒に卒業すると答えたら、今度は相手がびっくりし、「そんな不公平、不親切なことをしたら、スイスの親は黙っていない」と言うのでまたびっくりしたという話である。その先生に言わせると、子どもには早熟型と晩熟型がある。だから生まれ年が一緒だからといって能力には大きい差がある場合がある。そんな子どもたちを一緒にして考えるのはかえって不平等だし不公平だ、ということなのである。河合もいうように、スイス風の考え方やり方が正しいというのではない。一長一短であろう。大切なのは、日本風のやり方考え方が必ずしも絶対的に正しいとはいえないことなのである。

以上、親の役割にはいろいろあるが、他の誰にもできないのが、特別扱いなのである。それはある意味で密室における濃密な二者関係である。その点カウンセラーの役割と似たところがある。親と先生との違いについてはある程度前章で述べた。ところが先生のその役割に似たところがカウンセラーにはいくつかある。一人ひとりのクライエントはかけがえがないのだが、何人もの別々のクライエントに会っている点に限れば、かけがえのあるところなどである。そこに役割を通してかけがえのない関係を結ぶ難しさのあることは

第一節に述べた。

第三節　ムレ、家族、学級

教師の役割は端的にいって、子どもたちがおとなになって戸惑わないだけの知識と技能を授けることと、集団生活を通して自分を生かしてゆく術《すべ》を身につけさせること、である。その際、家庭生活を通して基本的安心感がそこそこに培われていることが前提とされていることは、前節に述べた。そこでみんな違うけれどもみな同じ、という逆説的感覚が一つのまとまった感じとして、子どもの腑《ふ》に落ちるのである。しかし集団生活にはもう一つの重要な意味がある。

ローレンツ(5)によれば、ムレを作る動物には仲間同士の間に不思議な感応現象があるらしい。ミツバチやシロアリのムレを考えるとよくわかる。人間もまたムレを作る生き物である。そこにおのずからある種の仲間同士のつながり感のごときものがある。前節の母子間のお互いをかけがえのないもの同士として感じあう現象も、そのような感応現象の一つと考えてよいかもしれない。だからこそこの感覚がある程度育っていることが、大きい安心感につながっている可能性がある。より大いなるものとのつながり――宗教的感情の基盤にあるもの――は、そうした仲間意識に発する生来的な傾向と考えてよいかもしれない。

ところがローレンツはさらに、ムレを作る生き物たちは、ムレ全体に災いをもたらす個体が出現すると、これを排除する傾向があるという。以前テレビを見ていたら、ある種のアリは仲間が一種のカビに冒されると、慌ててその個体をムレから遠く離れたところに運び出す。しばらくするととりついたカビがその個体から芽を出しており、もちろんアリは死んでいる。そのままムレに置いておくと、ムレ全体が感染し絶滅しかねないからである。仲間を助けるのも見殺すのもムレ全体の利益が優先し、個体の立場はほとんど考えられていないのだから、ムレを作る生き物は、時にはおのれを犠牲にしても仲間に尽くすけれども、逆に弱った仲間を見殺すどころか、積極的に排除することがある。ムレがたんに優しさだけで結びついているわけではないことを心得ておかねばならない。

家族集団はメンバーのそれぞれがお互いの存在の必要性を認め合い、外に閉じられた濃密な内集団である。その限り多かれ少なかれ家族アイデンティティを共有している。個人としてのアイデンティティはそれだけ未分化であり、その分、家族エゴイズムに捕われやすい。集団を維持することが目的であり、その限り永続的である。それに対して学級集団はたまたま作られた外集団である。ときどき交代するし、時が来れば解散することを全員が承知している。何らかの目的を達成するための手段として、年齢が同じであることを除けば今までの暮らしぶりもこれからの見通しもかなり違う。社会的経済的文化的背景も違うし、好みや性格や能力も違う。こういう集団を何とかまとめるには何よりも定まったルールが要る。ルールとは集団のメンバーが同じであること、ルールの前では全員が平等であることを前提とする。そこで適応してやってゆくためにはまずルールを覚えなければならない。好むと好まざるとにかかわらずそれを守ることによってはじめて、最小限の安定した場を得ることができる。そこで特別扱いは期待できないのである。

ここで教師はかなり難しい立場に立たねばならない。つまり本来かけがえのないユニークな一人ひとりの子どもたちを、十把一からげ的なルールの下にまとめ上げねばならないからである。しかしそれは、教師の本物性《オーセンティシティ》によって達成される。役割という人工のいわばペルソナを通して、いかに自然で自発的存在としての自分を生きるか。それについては第一節でかなり具体的に触れたつもりであるが、あらためて次節でより詳しく考えたい。

第四節　ルール、役割、遊び

ルールには二つの意味がある。一つは利便性である。一例として交通信号が考えられる。それがないとくに都会では自分も含めた市民生活全般が大混乱に陥ってしまう。時に生死の危険すら伴う。あるいは、ブランコが一つしかないのに乗りたい子どもが三人いるような状況がある。とにかく順番を決めなければならない。年齢順にするか、身長順にするか。名前のいろは順にするか。何でもよいのだが、それがないと争いになって、三人みんなが乗れなくなることもある。長さや重さの単位が各国ごとに違って戸惑うのは、ルールが一定していないからである。これらは理屈抜きである。左側通行がよいのか、右側通行がよいのかに、論理的必然性はない。ただし決まればそれに従うよりない。集団が生活をスムーズに営むために、多かれ少なかれこの種のルールが必ずある。動物の社会にすら認められることである。(6) 学級においても、こういうルールには有無をいわさず子どもたちを従わせねばならない。

ただしこのことは、子どもたちにかなり窮屈な思いをさせる。自発的な「いまある」思いにブレーキをかけて、周囲の期待する「あるべき」行動に合わさなければならないからである。もちろんそのためには、子どもたちにある程度の判断力が育っていなければならない。自発性を強調し、本来子どもは善良なのだから「型」にはめるべきでない、とする主張は、すぐ後で述べるように自発性＝生命力＝衝動性＝われを失った状態＝破壊的行動といった系列のあることを見逃している。ルールには時に理屈を越えたレベルで絶対に破ってはいけないことのあることを、子どもたちにわからせることも大人の重要な責任である。

それとの関連でルールのもう一つの大切な側面についていっておきたい。一言でいえば、窮屈なルールを通してこそ生かされてくるおのれの可能性のあること、である。今までにも述べてきたように、われわれには生命力がある。それは多くの場合、衝動として発現する。これを生きなければわれわれの生活はたちまち生気を失う。しかし衝動が衝動のままに発現すると、「われ」を失って方向性が見失われる。衝動はある種の枠ないし型を通して充たされなければならない。性的衝動が特定の場所、特定の時、特定の相手によって充たされるとき、はじめて大きい安らぎがもたらされるように、である。それは性的衝動に限らない。生命力、自発性は時に方向性に上下の別（たとえば宗教性と動物性）が生ずるにせよ、われわれ個人の力を越えている。それを人間的レベルで生きるためには人間的な枠ないし型が要る。それをルールという。この場合ルールは障害物というより通路である。

遊びがただの遊びでなく、人間にとって不可欠のものであること、を最初に述べたのはホイジンガ(7)である。それを受けてカイヨワ(8)が、さらに細かく遊びの性質を論じた。ウィニコット(9)は自らの臨床経験をふまえ、遊ぶことの現実とのわかちがたい性質を移行現象としてとらえた。私自身は、遊びとは仕事の反対概念であるというくらいにしか理解できていない。しかし本書の第一節で述べた本物性ということで、その一面を捉《とら》えることはできるのではないか、と思っている。

第一節で役割交代の具体例について述べた。役割はその場その場での仮の姿であり、われわれはその都度役割を切り替えて、とくに自分が演技していると意識することはめったにない。そのような自我同一性を支えているのが、多様な役割がそのつど本物の自分を顕在化させている、という実感である。本来、不自然な役割演技を自然なものにするのが、この本物性《オーセンティシティ》である。カウンセラー役を突如教師役に切り替えた教師カウンセラーは、生徒から見れば同じ先生であり、そこに違和感は生じていない。だからこそこの生徒は、「教師になったそのときが一番カウンセラーらしかった」という、論理的には一貫しない、しかし経験的には納得できる述懐を吐露できた。

子どもたちがままごと遊びをしているとき、彼らは真剣に役を演じている。お父さん役、赤ちゃん役を問わず、彼らは役に成りきっているのである。お父さん役を演ずることで、もしそうしなかったら経験することのない自分のなかのお父さんを生きている。もちろん多分に現実の父親がモデルになっている。カイヨワ風にいえばミミクリイ（模倣）である。しかしそれによって非現実が現実化されている。その現実が非現実であることは、子ども自身百も承知している。だから本当のお母さんが、「ご飯ですよ」と一声叫べば、子どもたちは一瞬のうちに現実に戻る。

かりそめのものである点においては、ルールも遊びあるいは社会的役割と同じである。それはいつでも即座に交代（消滅）しうる、束の間の現実に「自分」を合わせるための、外枠－型にすぎない。肝心なのはその「自分」が枠を通して生かされているかどうか、である。ここで自分にわざわざ「　」をつけなければならないのは、この「自分」が実は自我と呼びならわされている自分を遥《はる》かにこえた、よきにつけ悪しきにつけ、「より大いなるもの」ともつながっているからである。しかしそれについてのより詳しい議論は、第六、七章に譲る。

要するに、ルールは自分の可能性を広げるポジティブな意味をもっているが、表層的には先の利便的ルールも含めて、個人の自由をかなり束縛する窮屈な面をもっている。だからやりようによっては、可能性を生かすどころか押しつぶしかねないことは心得ておかねばならない。しかし遊びないしゲームがわれわれの気持ちをかき立てるのは、ルールのあればこそである。ヒット十五本でヒット五本の相手に敗れる口惜《くや》しさがあるからこそ、ルールの枠内で最大限の可能性を生かそうとする努力が生じる。三点差のある九回の二死満塁で好投手と強打者があい対する場面にわれわれが熱狂するのは、カイヨワ流にいえば、アゴーン（競争）とアレカ（偶然）とイリンクス（恍惚《こうこつ》）のないまぜになった瞬間だからである。一芸に秀でた人たちが共通にかもし出す雰囲気は、遊びの非現実性、あえていえば無意味さを承知のうえでそこにおのれの可能性を賭《か》けたとき、はじめて本物の自分がたち現れてくる現実感に発している。

しかし子どもたちは、まだルールに十分なじんでいない。ルールを与えそれを運営するのはほとんど教師の仕事である。どのようにしてルールの望ましい運営が可能になるのか。それはひたすらルールを守らせようとするのではなく、ルールを通してどれだけ子どもたちの可能性を広げるかに気持ちを集中することによって、である。しかしそのためには、まず教師自身がルールを生きなければならない。言い換えればルールを通して教師の本物性が現れねばならない。第一節の先生がカウンセラーであろうと教師であろうと本物性において変わらなかったように、である。

しかし教師が本物でありうるためには、やはりそれなりの条件がいる。ルールの適正な管理ということでは、教師の仕事は審判のそれに似ている。単に個々の教師の人間性に頼れないところがあるからである。しかもその条件が現代の教師たちに保証されていない。次節ではそれについて考える。

第五節　審判《レフェリー》としての教師

本節に述べることは、次節のケースワーカーについて考えることに重なる。ということは、どのような役割にせよそこで本物の自分であるためにはある程度の条件が要るからである。つまり、人間らしくあるためには人間的な条件が要る。カウンセリングの目的の一つは、どのような状況であれ、その人らしさ＝人間らしさを失わぬようになることだが、実際には、それが可能な人はほとんどいない。前節で、教師はルールの管理運営者として、審判としての機能を果たさねばならぬことを述べた。そこで以下に、審判が公正な審判であるためにどのような条件が必要なのか、考えたい。

第一は、最終決定権である。これは審判の決定は最終決定だということである。シドニーオリンピックの柔道の決勝で、日本の篠原とフランスの選手が戦った。テレビで観る限り、篠原が勝ったと思えた。しかし審判はフランス選手の勝ちとした。日本選手団が抗議し、新聞報道による限り、国際柔道連盟も審判の誤審を認めた。しかし判定結果の覆ることはなかった。審判の判断は決定的なのである。サッカーの試合を観ていると、相手を反則に誘うためこちらも反則ギリギリのプレーをする。そのときどちらの側が反則を犯したのか、選手や双方の監督に判断させることはできない。いつまでたっても結論が出ないか、双方の選手同士の乱闘になりかねないからである。

そこでどちらにも偏らない、第三者としての審判の判断を仰ぐ。時に誤審があっても、その決定を尊重する。そうでないとゲームそのものがスムーズに進行しないからである。しかし今日の教師たちに、この最終決定権はない。教室で目に余る行為をする生徒に、「出て行け」と命ずることができない。某県庁所在地の教育委員会は、どんな生徒に対しても「出て行け」と言うなとする通達を出している。その生徒の学習権を奪ってはならないからである。しかしその生徒たちのために、真面目《まじめ》に勉強しようとする多くの学習権を奪われた生徒たちのことは無視されている。そういう場合、学習を妨害するごく一部の生徒たちの学習権か、多くの他の生徒たちの学習権か、のどちらを尊重するかの権限は教師たちに与えられていない。

次に、それと密接に関連するのが退場権である。それは、ゲームの進行を妨害する者をゲームの場から退場させる権限である。ワールドカップの試合で、審判にレッドカードを提示された選手は即座に退場しなければならない。すると選手の数が減るので以後の戦いは著しく不利になる。選手も残念だしチームメートにとっても不本意な決定である。テレビで観る限り露骨に不快な表情を示す者もいる。しかし決定は決定である。そうしてはじめて試合がスムーズに進行する。

先生が生徒に「出て行け」というのは、この退場権の行使である。しかしそれが許されていない。もちろん、個人的感情に駆られて恣意《しい》的に「出て行け」と怒鳴る先生がいないとはいえない。しかしそれは教師としてあるまじきことなのであって、審判についても同じである。そういうことが続けば審判の、したがって教師としての資格を停止すればよいのである。

もう一つ大事なことは、これらの権限が審判の人格に帰せられないことである。審判の強力な人格が、彼ないし彼女の決定に選手たちがおのずから従わざるをえないほどであるのは、望ましいことである。しかしそうでなくても、一応の人、つまりルールに精通し人並みの判断力のある人ならば、誰しもが審判を務められるだけの状況がなければならない。すなわち審判の判断を、選手も監督も観客もマスコミも尊重することでの合意が成立していなくてはならない。それが審判の権威を保証している。

現在、それだけの権威は先生たちに対してはまったく認められていない。そしてもっぱら人格の力によって、子どもたちに対するそうした権威をうち立てることが期待されている。親、マスコミ、あるいは社会全体からの委託なしに、子どもたちに対して権威ある存在としてふるまうことは、よほどの人材でない限り不可能である。親によって権威を認められない教師は、母親によって権威を認められない父親同様、子どもの尊敬を得ることはまずできない。

最後にもう一つ。ルールそのものは相対的、むしろナンセンスに近いことである。たとえば以前バレーボールは九人制であった。身長のない後衛の選手が活躍してそれなりに面白かった。しかし、いつの間にか六人制が主流になった。ラグビーの得点も、以前はトライ三点でゴールが決まれば五点だった。それが今では四点と六点である。将来さらに変わるかもしれない。第四節で述べたように、日本やイギリスは左側通行であるがヨーロッパやアメリカはほとんど右側通行である。どちらが〝正しい〟のかは理論的問題ではない。

ところが識者のなかには、スカートのひだが何本かで目くじらを立てる先生たちのあさはかさを嘲笑する人たちがいる。もちろんルール作成に当たってはそれなりの理屈がいる。しかし繰り返し述べたように、本来ルールは相対的なのである。法律でさえも、ある期間は固定的でなければならないが、時がくれば改正される。だからルールそのものの非合理性をあげつらうのは、よほどの場合以外ナンセンスである。決まった以上守るのがルールなのである。先生たちにしても、スカートのひだが十本が正しいのか十五本が正しいのかを本気で考えているわけではない。

以上ルールについて、とくにその管理運営の責任者としての審判について考えてきた。そして審判がその職責を果たすためには多くの条件の必要なことを述べた。さらに教師に審判に似た仕事を期待しながら、そのために必要な条件の必要性に社会があまり気づいていないことを指摘した。しかし教師の仕事が、不自由なルールを通して自分を生かす手立てを子どもたちの身につけさせること、であるとするならば、現在の教育の「荒廃」が先生たちだけの責任に帰せられないことは明らかである。入学前の親との関わりで、基本的安心感が十分に（英語のグッド・イナフということ。〇〇するのに十分な、つまりは「まあまあの」という意味）育っていない子どもたちを、教師たちが十分に育てきれないのは現在の状況が続く限りある程度仕方ない、と思わざるをえない。

カウンセリングとの関わりでいえば、カウンセラーは親のような特別扱いはしない。教師たちのように窮屈な集団生活を通してクライエントの成長を期待してはいない、ということになろうか。

第六節　ケースワーカーの場合

フランクル(10)によれば、アウシュヴィッツでは、平和な社会でならば十分によき市民たりえた人たちのほとんどが、豚のような状態になり下がった、という。一片のパンのために仲間を売り、人を思いやる心などすり減ってしまったらしい。しかし同時にコルベ神父のような人もいた。死刑を宣告された囚人が、私には家族がいると泣き叫んだとき、身代りを申し出て亡くなった人である。しかも地下の牢獄ではたえず笑みをたやさず、神に祈り、周りの人を励まし続けた。いつまでも元気なのに怖れをなした警備の者に注射をうたれて死んだ、といわれている。アウシュヴィッツで最後まで生き延びた人たちは、もっとも頑健な体力の持ち主ではなく、そのような絶望的な状況でなおかつ自らの存在の意味を問い続けた人に多かった、とフランクルは述べている。

このことは、人間のあり方の二つの相をまざまざと描いている。一つは、前節に述べたように、人間が人間らしく（ということは、自らの尊厳性を失うことなく、という意味である）生きるためには、人間らしい環境が要る、ということである。ケースワークとは、本来そういう発想のもとで始まった。しかし何十年か前、ニューヨーク市の支出した福祉予算の多くが、アルコールと麻薬のために消費された（つまりお金をもらった人たちが、それをアルコールと薬を買うために使った）という記事を読んでひどく驚かされた記憶がある。福祉行政が金だけに目を奪われ、心に対する配慮を忘れた咎《とが》め、といえよう。そういう状況がどこまで改善されているかについてはよく知らない。

もう一つは、にもかかわらず人間は、どのような状況にあっても人間らしいあり方を失わずにおれる、という事実である。コルベ神父はその顕著な一例であろう。少し古いがあのアイゼンク(11)が、アメリカで最初の黒人大学創設に関わった奴隷出身の黒人ジョージ・カーバーについて述べている。虐待され、裏切られ、もちろん人種差別をうけ、それに病弱でもあって、あらゆる外傷体験を重ねながら、つねに本物性を失わず生き抜いた人である。アイゼンクは安易な環境論に対して、生まれつきの素因を強調する文脈で彼を取り上げているのだが、イギリスにおける認知行動療法の礎を築いた人であるだけに、性格における可変部分と不変部分について、意外に柔軟な複眼的思考を保っていることに驚かされる。

以前、ある不登校児の父親と話していて、「自分は何も頼んで生んで貰《もら》ったわけではない。である以上、死ぬまで苦労せずにやっていけるように保証せよ」と息子に言われると返すことばがないと言われるので、「人間だけが自分で死ねることを知っている。だから生きているのがそんなに嫌ならいつでも死ぬことができる。にもかかわらず生きているのは、自分で生きる方を選んだのだから、どう生きるかは百パーセントお前の責任だ」と言ってやれとけしかけたら、その件に限っては落着したことがある。かりにねじくれ曲がった根性の持ち主がいたとして、それが生まれつきならば本人に責任はない。生まれたときは天使のような無邪気な赤ちゃんだったのなら、そうなったのは環境のせいであり、これまた責めることができない。しかし与えられた状況でどう自分を生かすか、が前章で述べてきたことであった。窮屈なルールのあればこそ、それがないと生かすことのなかったおのれの可能性を生かすことができる。それが本物性であり、あえていえば人間だけに与えられた主体性、ある意味で業《カルマ》なのである。

ケースワークには、たしかにヒューマニズムの香りがある。しかしどこかに強者による弱者への施し、あるいは世にはびこる者がおのれの良心を宥《なだ》めるための慈善事業めいた臭みがある。著名な精神分析家のE・エリクソンがガンジーやルターについてあれだけの人間味溢《あふ》れる、かつ透徹した伝記[12][13]をものにしたにもかかわらず、自分たち夫婦に授かった障害児を施設に預けっ放しにして訪問することさえめったになかった、という有名な話がある。今やわが国で全盛のイギリス対象関係論の総帥メラニー・クラインが、自分自身の子どもたちとの関係はむしろ悲惨に近いものであったことも知られている。他人の子どもたちにはあれほどの成果をあげたにもかかわらず、である。

以前、アダルトチルドレンということばのはやったころ、本人が苦しむのは親や教師、さらには社会が悪いと説いて回った医師がいた。その人たちの罪悪感を軽くするためであった。それに対して、人間は苦しむことによって成長することがある。苦しみをすべて悪と決めつけるのは、そうした貴重な成長の機会を奪うことになるのではないか、という批判が別の医師から出た。どちらの言い分にももっともなところがある。だからどちらが悪いというのではなく、ケースワークにはそのような二律背反のあることを弁《わきま》えて、文字通りケースバイケースで対応してゆくよりないのであろう。

ケースワークについて考えるとなると、どうしてもその光と影ともいうべき両面にふれざるをえなくなる。これはDSM-Ⅲ以後のアメリカの精神医学会が、日常的なちょっとした不調までも疾病化し、かえって人々の不安をかき立てているのではないか、という印象があるからである。実際、十人に一人、五人に一人が何らかの精神疾患であるといわれると、首をかしげざるをえない。その程度の変異ならば正常な偏りの範囲内であって、異常と決めつけることができないのではないか。PTSDにしろさまざまな性格障害、近くは軽度発達障害といわれる症例群にしろ、ある種の流行現象のごとき感がある。似たような症状であるから、そのうちのどれと診断しても当てはまる部分がある。病気にしてしまわないと診料報酬が出ず、そのための医師と製薬会社の陰謀とする説[14][15]もあながち暴論とはいえない気がしている。

以上、ケースワーカーの仕事について述べてきた。人間らしい環境がなければ人間らしく暮らすことは難しい。そのことを十分承知したうえで、どのような環境でも人間らしく暮らせるありようを探るのがカウンセラーの仕事と思うので、書きながらもつい影の部分に目が行きすぎたかと感じていた。ケースワークそのものを論ずるのに十分な知識や経験が私にある、とは思っていない。カウンセラーの立場から、自分たちの仕事とどう違うのかということに絞って書いている。不十分な点のあることをご海容いただければ有難い。

第七節　医師の仕事

医師の仕事はいうまでもなく体が対象である。カウンセラーは心に働きかける。もちろん心と体はどこかでつながっているから、両者を截然と分けることはできない。脳の働きが鈍くなると、心の機能も低下するらしい。血中のアルコール濃度の変化が簡単に心の動きを変化させる。心の動きが体に拠《よ》っていることは確かである。しかし夢の中で、覚醒状態ではありえないことが起こっても平然としているし、そのくせ周りの状況をそれなりに判断もしているのは、覚醒状態とつながる「私」の意識があるからである。臨死体験者や行者や呪医たちの語るあの世体験[16]を、身体的プロセスとしてすべて説明しきれていないのが現状であろう。渡辺格[17]は、物質現象と生命現象、生命現象と精神現象、精神現象とアルファー現象との壁が、分子生物学によって読み解かれるときが来るかもしれない、といっている。アルファー現象とは予知とかテレパシーとかいわゆる超常現象をさすらしい。

第二章の第二節で臨床心理行為について述べた。それが医行為の対立概念であることも説明したはずである。しかし体と心とはそう簡単に分けられることができないらしい。ただ本書の立場では、カウンセリングとは心に働きかける仕事であり、その仕事はカウンセラーでないとできない、しかしクライエントには不可欠のサービス、ということである。そこで本節では医師の仕事が患者にとって不可欠の、医師に特異的なサービスであることを認めたうえで、両者の相似性よりも相異性に目を向けて考えていきたい。

ところで、近代的な心理療法を創始しかつ推進したのはいずれも医師たちであった。フロイトにしろユングにしろ、森田正馬やメスメルでさえ医師であった。だからいつの間にか、心理療法もまた医師の領分に属すると見なされてしまった。しかしエレンベルガー(18)によれば、この仕事は近代医学の成立するはるか以前から、あらゆる地域で営まれ続けてきた仕事である。ヨーロッパの中世では僧侶による悪魔払いの儀式があり、記録が残っているだけに患者と僧侶との手に汗を握るシーンを彷彿《ほうふつ》とさせる。それを医療行為と呼べるのかどうか。メスメルが追放された後にも、多くの非医師の磁気催眠師たちが各地で治療し結構治療効果をあげていたらしい。

私自身は精神療法もカウンセリングも、同じ心理療法のカテゴリーに含まれる臨床心理行為と考えている。だからこそフロイトもユングも、当初はアカデミックな医学界になかなか受け入れられなかった。また少数ながら非医師の分析家が混じってもいた。先にあげたE・エリクソンやM・クラインなどがそうである。丸田(19)によれば、二十世紀初頭の科学主義的傾向に合わせてフロイトが提示した内的動因説や分析技法が、とくにアメリカで受け入れられたのは科学的因果論に適うとされたのが大きい、という。しかし今日、内的動因説はもとより精神分析そのものが非科学的として退けられ、ＤＳＭではそのⅢ以後、分析用語が一掃されたのは周知のことである。

精神医学における、生物学というより身体機械論的志向は著しく進んでおり、それなりに成果をあげている。人工臓器の目覚ましい効果はしばしばマスコミで取り上げられているし、今まで効かないと考えられていた内因性疾患が薬だけで改善することも少なくない。成田[20]によれば、その代わり患者は全体としてよりも部分的なものに解体され、病よりも病を患った人間に対する視点が見失われつつある、という。精神医学界が臨床心理士を受け入れるようになったのは、そういった新しい傾向が輝かしい成果をおさめる一方で、切り捨ててきた全体的人間像に対する配慮を補おうとする暗黙の意図があるらしい。

私には、精神科医の間に極端な二極化が進行しつつあり、精神療法を志向する医師たちは、カウンセリングがイギリスでは臨床心理学と切り離されていった[21]ように、精神科医グループの本流から離されてゆくのではないか、とさえ思われる。

おそらく最近の精神医学は、従来精神科医療に「つきもの」であった、病を患った「人間」を見る暗黙の視点を見失ってしまった。それらはたとえばムンテラと呼ばれて、必然的な「つきもの」ではあっても顕在的な医行為ではなかった。だからその部分が失われかけたとき、医師たちは直観的に心理士の必要性を感じはじめたのではないか。「われわれは医行為に忙しい。だからちょっとゆっくり話を聞いてやってくれるだけでいいのだから」と、あまり期待せず、比較的安易に心理臨床家にオーダーを出していたのではないか。医師たちにそれと明確に意識されていなかったにせよ、そんな流れが背景にあったように思う。そういう状況のなかで心理士たちが、自分たちの仕事が医師たちのそれとは違う、「病める人」への「つきもの」というよりも不可欠のサービスであること、に気づいていったのではないか。

幸か不幸か、そうした「つきもの」が精神科医療において決定的に重要な要因であることに気づいた人たちが、本格的な精神療法にのめりこんでいったのではないか。だから成田は、病院に入り込んだ臨床心理士たちを当初は同じ仲間とみなしていた、という。しかし、患者を身体因－内因－心因と診てゆく仕事はやはり病を治す医師として当然の仕事である。それは、たとえ精神病院で医師や看護師とともに統合失調症の患者と接することの多い心理臨床家にもできること、とはとても思えない。精神療法志向であっても医師はやはり医師であり、そうであってこそ、患者に対する最大のサービスを提供できるのである。

もちろん心理士たちの行う心理療法、私はそれを便宜上カウンセリングと呼ぶのであるが、それは医療領域に限られるものではない。ご存知のように、教育、産業、矯正などカウンセラーの活躍する分野は広い。そしてそれらの異なる領域で行われる同じ営みが医療領域でも十分に役立ちうる、と私は考えている。医療領域では当然患者の病を治すことが最優先されるのだから、医療チームのリーダーが医師ならばその指示に従わねばならない。かりにカウンセリングを任されるにしても、カウンセリングだけが治療に役立つことはありえないからである。

以上本章では、カウンセラーの仕事が、親、教師、ケースワーカー、医師とどう違うのかについて述べてきた。親は特別扱いを通して子どもに基本的安心感を植えつける。教師は集団生活を通して、ルールによって自分を生かす術を身につけさせる。ケースワーカーは、人間らしい環境を調整することによって人間らしい生き方を出来る限り保証する。医師は体に働きかけることによって、身体的精神的苦痛をとる、または和らげる、ということになる。

そこでカウンセラーは何をするのか。以上の援助職（この際あえて親も入れておく）との共通点も多く含みながら、主に心に働きかけて本人が自分なりに納得できる生き方を見つけるのを援助すること、としておきたい。その際、心とは何かについてまず考えねばならない。そしてどのように働きかけるのかをできるだけ明らかにしなければならない。以下二章ずつをあてて、それらの問題についての現時点での私の考えを明らかにしたい。

第五章

意識の場——「理論」のはじまり

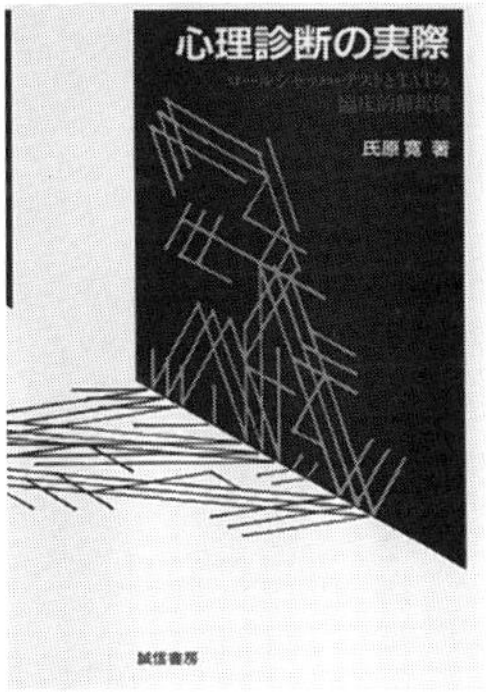

5

第一節　カウンセリングに言語的洞察は要るのか

意識を「場」として考えようとする発想は、大阪市教育研究所時代、したがって私が心理臨床の世界に入ってすぐに芽生えていたように思う(1)(2)。しかしそれがある程度の形をとるまでには、なお数年の時を必要とした。もともとの着想は、遊戯治療や箱庭療法で、時には普通のカウンセリングにおいてさえ、言語的洞察はほとんどないのに〝よく〟なってゆくクライエントに多く接したことによる。丸田(3)によれば、精神分析の世界では、長年解釈か共感かの論争が続けられ近年ようやく解釈派の凋落《ちょうらく》が目に見えてきた、という。丸(4)も自験例について、われながら見事な解釈を行ってクライエントも納得し、それが効いたと思っていたケースの終わった後で聞いてみると、決まった時、決まった場所で先生が会い続けてくれたことが一番良かったと言い、肝心の解釈については丸きり忘れられているのでがっかりした、と述べている。

河合の話に、初回面接でほとんど話をしなかった高校生が、帰宅後母親に、あんなに僕のことをわかってくれる人にはじめて出会ったと告げ、母親が、先生、どんなお話をしてくださったのですか、と尋ねてきたというのがある。ロジャーズの本のどこかにも、何回かの面接中一回も話をしなかった子どもが著しい改善を示した例があったと思う。そのころもっとも印象的であったのは、当時の必読文献だったアレン(5)の本に出てくる子どもが、プレイ中、「僕、このままでも悪い子じゃないんだね」と言って、それから急速に問題行動の消失した話である。それは少なくとも子どもの発言であるから、まったくのノンバーバルとは言えないし、このことば自体の表していることは、劇的な洞察の閃《ひらめ》く瞬間の稀有《けう》な状況である。しかし、「このまま」

の内容は、いわば子どもの内的な体感のようなもので、たぶん言語レベルでは捉《とら》えきれない、しかし手応えの確かなより全体的ないわゆる共通感覚的なものであったろう。

ことばのレベルでの理解は、しばしば、「僕、このままでも」といった短いことばが、それまでの未分化で漠とはしているが全体的な感じを一言で焦点づけて、いわゆる「アッハ体験」を促す。ラカン派の実践家のドルト(6)が、言語理解の及ばない一歳未満の乳幼児へのことばかけの重要性を強調するゆえんであろう。ただし、ことばにはイソップ物語のすっぱいぶどうが示しているような、合理化と呼ばれる働きがある。それは未分化な全体感覚のなかの受け入れにくい部分を切り捨てるメカニズムである。たとえば「商売は商売」とわり切って、義理のある人に対する後ろめたさを覆い隠すために使われる。同じことばがこうした正反対の機能をもつことが不思議であった。

もう一つはロジャーズ(7)の自己概念についての説明である。彼は自己概念に合わない経験は潜在的にそれと知覚されて自己概念から排除される、と述べている。しかしその場合、「それと知覚する」働きは何が行うのか。ロジャーズ自身は識閾《いき》以下のとか、漠然ととか説明に苦心しているが、要するに基本的には彼の嫌った精神分析概念の抑圧と変わらないメカニズムである。だからこれは、後に弟子のジェンドリン(8)によって痛烈に批判される。本当は経験されていることが、意識なり自己概念にとりこまれなくなるプロセスの説明が精緻になればなるほど、それがどうして再びとりこまれるかの説明ができにくくなる、ということである。そしてジェンドリンは体験過程という概念によって、心の動きをプロセスと考えるべきことを唱導する。

ところがロジャーズには知覚の場という考えがある。これはクームズとスニッグ(9)の現象的場の考えとほとんど変わらない。だから彼の自己概念は比較的意識に近い的確な部分と、ほとんど無意識と変わらないあいまいな部分に分かれていることになる。その微妙などちらともいえぬ部分の説明が不十分だったのである。

彼にとって経験的には明瞭《めいりょう》にわかっていたにもかかわらず、あるいはだからこそ、客観的に伝達可能な文章におきかえることにあまり関心がなかったのであろう。音楽評論家、美術評論家でない限り、作品から受け取るインパクトはなじみのものであっても、ことばで説明できないし、しようともしないのに似ている。

図1についていえば、自己概念と現象的自己との相互作用についての説明が、ロジャーズの場合欠けているのである。場という概念はつねに部分からなる全体という意味を含み、必然的に各部分の相互作用を統べる中心を仮定せざるをえない。だから自己概念ないし意識に統合されぬ部分が、それと知覚されぬままに全体の知覚に影響を及ぼし続けており、それも知覚の一つの形とするかどうかは定義の問題である。現にロジャーズ自身、そういう場合には「不安」になったり、「傷つきやすい」などと述べているから、自己概念が明確に知覚された部分からのみ成っているとは考えていなかった、と思われる。なお、ここでは便宜上知覚ということばを使っているが、認知、感じなどと言い換えてもこの場合大差ない。

それに付け加えて、ユングの類型論[10]についても考える必要がある。彼は意識の働きを内向、外向の二つの態度と、思考、感情、感覚、直観の四つの機能に分けた。両者を組み合わせると八つの類型が考えられる。ここでそれらについてたち入って考えるつもりはない。言っておきたいのは、それとは別に、意識と無意識が一見相反的に関わっているようで、実は相補的に働きあっている、と述べている点である。たとえば意識的には外向的な人は無意識では内向的であるとか。つまり無意識がつねに意識に影響を

図1　現象的（または知覚の）場
（Combs & Snygg, 1959 による）

及ぼしており（逆も真である）、そうなると、いまの意識はそれだけで独立した心の動きとはいえなくなるのである。さらにそれが四機能のレベルになると、思考－感情、感覚－直観の相反的な働きが明言されているだけに、そこで意識と無意識の相補性を入れ込むと、これらペアになった意識の機能は相反的なのか相補的なのかわからなくなる。だからこそ自我（意識の主人公とされている）を超える自己の概念がうんぬんされているのだが、そうなると論理を超えた「より大いなるもの」とのつながりを考えざるをえず、自然科学の領域をはみ出す神秘主義と批判される理由ともなった。

ただし、「意識の場」ということを考える場合、クームズとスニッグによる図1の、非自己、現象的環境が、実線によって限定されぬさらに広い領域につながっていることを示すことができるので、多くの示唆を得ることができた。

以上、本節では私がなぜ「意識の場」という発想を得たのかについて述べた。あわせてそのつど影響をうけた人たちの考えについても触れてある。もともとは臨床上の素朴な疑問に発している。次節では意識の背景にある心について考えたい。

第二節　心づくし　経験の意味

今まで、カウンセラーは心に働きかける、といってきた。ところが、心とは何かをあらためて考えると捉《とら》えどころがない。フロイトやユングの膨大な著作をそのための説明とみて間違いはないが、別に、文学や音楽でしか表されない心の働きもある。舞踏家のイサドラ・ダンカンは踊りの心について問われたとき、踊ることを通してしか表現できないものをことばで表すことはできない、と言ったという。[11] 表現療法については言うまでもなく、カウンセリングにおけるノンバーバルコミュニケーションの重要性は、第一節でも述べた通りである。

ところが意外に、われわれは心について知っているのである。日本語には心を用いたたくさんのことばがある。心苦しいとか心が重いとか軽いとか、心にもないとか心ここにあらずとか、心づくしを試みても尽きそうにない。そして日常レベルでそれらのことばを使った場合、お互いが誤解することはめったにない。使われる状況によって一つひとつの「心」の意味が微妙にズレているにもかかわらず、それらの「心」すべてを包む、漠としてはいるが全体的な背景があるのである。厳密なはずの科学用語が、使用する人によって多様な意味に使われ、本人たちはわかりあえたつもりで実は別々の現象について話しあっていた、という反省の上に立ってDSMが作られた、という皮肉な現象はしばらくおくとしても、である。

これは、心の働きをわれわれが経験的に知っているからに他ならない。同義反復を怖れずにいえば、心の中に、ある感じのようなものがあって、それがそのつどの外界の状況（刺激といってよい）に反応して微妙に動く。われわれはその動きを感じることはできるが、それはその時その場限りの外的な事物と分かちがたく結びついており、別な状況では別の動き方（動かされ方）をするのを承知している。しかもそれらが同じその動きであることもわかっている。同義反復というのは、心の中にそれがあるとして、心とそれが別々のものであるかのようにいっているが、実はそれらが同じものを指しているからである。経験的にわかるとは、心が外的な事物に出会い、そこで生ずる働きないしプロセスを感じている、ということである。

ここで、経験する、感じる、知る、認知する、わかるということば群も同義反復に近く、この文脈で使用する限り相互に代替することが可能である。本書ではこれらを「意識する」のさまざまなヴァリエーションと考えている。特定の場合にはそのつどの定義を示すつもりであるが、必ずしも明確に使い分けることはしない、というより、できない。とりあえず「経験する」ことの定義として、潜在的な心が外界の事物と出会って顕在化するときに生じる内的な現象ないしプロセス、としておく。

だから心は潜在的な可能態なのである。したがって外的な事物と出会わない限り顕在化しない。無いも同然なのである。厳密にはかすかに感じられている、とはいえるかもしれない。この場合、外的な事物とは客体ということであり、内的なイメージや観念も含まれる。ごく大雑把にいえば、意識も無意識も含む心全体ということであり、潜在的を無意識、顕在化を意識化と結びつけて考えてもよい。その文脈でいえば、心は外界の事物と出会うことによって意識化される。

その際、ユングの意識の四機能説は、それぞれの場合の意識の性質を知るのにかなり示唆的である。しかしすでに述べたように、それらは意識の機能についての説明であり、無意識については意識と相補的に働くとしか述べられていないので、意識化のプロセスについてはどうしてもあいまいな点が残る。たとえばマイヤー(12)は、思考機能優位の人が劣性の感情機能を意識化する場合を図示して、副機能の感覚機能と直観機能のどちらかを媒介とすると説明しているが、その際の無意識の働きについては何もいっていない。意識のなかにすでに無意識が働いているのだから、それを含みにして意識の機能の変化のプロセスをみる、ということなのであろうが、意識・無意識のビビッドな相互作用は触れられないままである。

私の理解した限りのことであるが、意識化についてのユング派の考えには、さらに納得できぬところがある。たとえばヤコービ(13)は、個性化の過程について、ユングはそのプロセスをほぼ歩み終えたかのように述べている。そして自分をも含めた〝高弟たち〟も七、八〇パーセントくらいには来たような書き方である。個性化についてはいろいろな考え方ができようが、無意識を意識化するプロセスという一面のあるのは確かである。そうだとすれば、こうした考え方は、たぶん東洋人にはついていけない。門外漢であることを怖れずにいえば、井筒(14)や横山(15)のいうイスラムや唯識の思想では、われわれの到達できる意識のレベルは心全体のほんの表層をかすめるにすぎない。

しかし意識ないし知覚のプロセスを考えるのに、ユングの類型論は、ユング派のいうのとは少し違った意味で示唆に富むものであり、それについては後に触れる。

第三節　原観念または原イメージ

前節で述べたことを、経験のレベルで考えるとどうなるかについて説明する。

たとえば目の前にイヌが現れたとする。われわれは一目見て、それがネコでもオオカミでもない他ならぬイヌであることを見分ける。これはわれわれの頭の中に、イヌの原観念ないし原イメージのごときものがあり、それと現実の四足獣とを照合し判断しているのである。だからこの観念（イメージ）はあらゆるイヌの形を含んでいなければならない。同時に何らかの定まった形を持つことはありえない。どれほど多くのイヌの特徴を併せもっていても、何らかの形で限定してしまえば、それに合わないイヌをイヌと見分けることができないからである。つまり原観念はあらゆるイヌの形を含みながら決まった形をもたない。

イヌを思い浮かべなさい、と問われれば、われわれは何らかの現実のイヌの姿を思いうかべる。茶、黒、白、まだら、耳の垂れたやつ、ピンと立ったやつ、シェパードのような大型犬、チンのような小型犬など。しかしそれらはどれもかつて見たことのある特定のイヌイメージであって、イヌそのものの原イメージではない。ここでイメージとか観念とかいっているけれども、それは他に適切なことばを思いつかないので、便宜上使っているにすぎない。イメージとか観念はすでにある程度客体化されたものであり、それでは特異な形を通してイヌ全体を代表させているのであって、イヌそのものを言い表したことにはならないからである。

イヌをイヌと見分けるためには原観念ないし原イメージが要る。というよりそれが「ある」と仮定しなければならない。しかしそれには形がない。その限り、ないも同然である。つまりこのような観念ないしイメージは潜在的な可能態なのである。それは「ある」けれども顕在化していない。その意味では「ない」。顕在化するためには内的なイメージないし観念をも含めた、外的対象が要る。ここで心とは潜在的な可能態であり（その限り「ない」）、外的対象と出会ってはじめて顕在化（そこでは「ある」ことになる）する、という前節の心の定義がイヌの原観念ないしイメージにも当てはまることがわかる。本書で心という場合、それはこうした原観念群の集成されたもの、という意味である。

ここで、イヌを見分けることができるとは、イヌの原観念ないしイメージが成立したことである。つまりイヌというものがわかったことになる。それはイヌとイヌ以外のものを見分けることに他ならない。だからこの場合、イヌだけでなくイヌを取り巻くイヌ以外のものも同時に視野に入っている。だから原観念ないしイメージがそれ自体形がないとはいうものの、お互い形のないままでお互いの存在を感じとっており、それぞれの原観念は、たとえば他ならぬイヌの原観念ないしイメージとしての特異性ないしは境界（形のないものの境界という矛盾がある）を保っているのである。原観念群の集成といったが、それらはまったくの混沌《こんとん》のなかに共在しながら、おのずからまとまった一つの世界を形作っている、とも考えられる。

それともう一つ大切なことは、こうした原観念ないしイメージは、必ずしも先天的に備わっているというよりも学習される部分が多分にある、ということである。ある意味で分類のためのカテゴリーといってよい面がある。たとえば伊谷(16)はアフリカで調査のためある村に入ったとき、儀礼的な宴会でカブト虫の幼虫を出され、思い切って口に入れたものの吐き気がするほどの抵抗があった。それは彼の食物カテゴリーに合わなかったからである。ある外国人は日本人の家を見てウサギ小屋にしか見えぬと言った。これも日本家屋が彼の家カテゴリーに含まれていなかったからであろう。しかし以上のような経験をすると、伊谷にしろその外国人にしろ、それぞれの食物カテゴリーないし家カテゴリーの枠は広がることになる。その場合、こうしたカテゴリーを生得なものと決め付けることはできない。だからここでいう原観念ないしイメージは、ユングのいう元型と似たところがあるが、必ずしも同じ概念だとはいえない。しかしそれが潜在的な可能態であり、外的事物と出会ってはじめて顕在化する、という点では同じと思っている。また、そうした可能態のすべてが顕在化するとは限らぬ点でも、同じである。

この、潜在的可能態が外的事物と出会って顕在化するプロセスをかりに心現象と呼べば、それは生命現象と多分に重なる。生命とは何かは今日かなり解明されつつあるかに聞く。渡辺(17)によれば、物質としての蛋白《たんぱく》質が生命に変容する鍵をウィルスが握っているらしい。しかし現実には、脳死問題一つとっても、生きるないし生命とは何かの問題は、まだ解明されたとは言い難い。しかしわれわれはみんな、生きるとは何かを経験的に知っている。呼吸をし、食べ排泄《はいせつ》し、運動し思考し、病気になり怪我《けが》をし、つまり生きている。「風立ちぬ、いざ生きめやも」という美しいことばも、生きるとは何かを知らなければ発することができない。だから生きるとは、生命体と外界との相互作用である。それは現象でありプロセスであるから、外界から切り離しそれ自体の存在として同定することはできない。

ここでもう一つ付け加えると、生命現象という点では人間も動物も変わらないのだが、人間が外的世界を客体として認識しうるところが決定的に違う。それは自我意識の成立が外的世界の出現と切り離すことのできぬことに通じている。自我意識とは自分を他ならぬ自分と認識することであるが、他ならぬの他とは自分ではない外的世界をさしている。だから外界を背景にして自分が浮かび上がるのである。これは先に述べた、イヌの原観念ないしイメージが、「いま・ここ」で出会った外的な四足獣をイヌと見分ける際、それを他ならぬイヌと見ること、つまり原観念ないしイメージの集成された全体としての背景に浮かび上がるイヌを見ていること、に通じている。おそらく動物には自他の区別はない。したがって主体的存在という意識はないと考えている。

これは心について考える場合、極めて重要な観点であるが、そうした意識がどのようにして生じてくるのかは、以前、カウンセリングのプロセスとの関連で取り上げたことがあるので[18]、ここであらためて述べておきたい。最初に母子の相互作用をとりあげる。①赤ん坊が母親を見る、②母親が即座に見返す、③赤ん坊は見返された自分を見る、④見ている自分を見返す、の四つのプロセスがほとんど同時的に進行する。ここで①は、すでに述べたムレを作る動物の作用に対する感応現象と考えてよい。母親が赤ん坊に近づくと、赤ん坊はその気配を感じて（そのためのレディネスが赤ん坊にある、と仮定される）母親に目を向ける。そこで②の段階が生じる。これは赤ん坊が能動的に対象＝母親を求め、対象が応えてくれることを意味する。おそらくその手応えが赤ん坊に存在感を与える。もし反応がなければ、まなざしは空しく虚空に消え、赤ん坊は底知れぬ不安に捉《とら》えられる。③見返された赤ん坊は母親の輝く瞳の中におのれの姿を見る。母子未分化のほとんど一体感に包まれている状態でありながら、他者の目に映る（客体としての）自分の姿を見るのである。そして④そのように見ている自分をあらためて見返す。つまり、自分自身を自ら見返す。まったく萌芽《ほうが》的なものでありながら、自分自身を客体としてみる主体的な自我が、存在のそもそものはじめに胚胎しているのである。
これをカウンセリング関係に重ねると、①クライエントが話す、②カウンセラーに話し返される、③話し返された自分に話す、④話している自分に話し返す、ということになる。この相手とのほとんど一体でありながらやはり自分のある全体的な感じが、コフート流[19]にいえば自己－対象、ユング派のノイマン[20]にしたがえば、原関係状態における母《マザー》－自己《セルフ》ということになろう。

さらにもう一つ。これを心理治療の実践という形で見ると、成瀬[21]の開発した動作療法のプロセスが参考になる。これが体に働きかけるアプローチでありながら、強迫症や統合失調症に対しても時に驚くほどの効果を発揮するらしいことは聞いていた。脳性麻痺《まひ》の子どもたちの体の動かないのは、むしろ動きすぎるからだ、という考えに発している。われわれが体を動かそうとする場合、ある筋肉を意識的に動かすのであるが、それが目的的に動くためにはそれ以外の筋肉を動かさないようにしなければならない。それができないと体が無方向的に動きすぎて意図的に動けないのである。しかしこの抑制的な動きは大抵の場合無意識で、コントロールできない。動作法ではこれを意識化する。つまり、①ある種の手続きによってからだを動かす、②すると体が動き返す、③そこで動き返された動きを動く、④そして動いている体に動かし返す、のである。成瀬のいう、動かす＝動くのセットを私なりに読み代えると、すでに述べた赤ん坊－母親、クライエント－カウンセラーの相互作用に重なる。①まず動かすという能動があり、②動き返される受動が来る、③その受動を動く受動的能動が来て、④あらためて能動になって①にもどる。③で動いているのは体（客体）でもあるが自分（主体）でもある、ある種の融合体験である。先にあげたノイマンはこうした体の動きを身体《ボディー》－自己《セルフ》と呼び、その機能は母《マザー》－自己《セルフ》と変わらない、としている。そうだとすれば、この技法はいわば心と体の乖離《かいり》を再び全体につなぐ試みであり、一見体だけに働きかけているようで、心理治療的効果を挙げるのは当然のことなのである。姿勢を正したりちょっとした体操が意外なほどの効果を生むことのあるのは、そのせいかと思う。

第四節　主体と客体

「意識の場」理論の着想は、第一節に述べたように、もともとはカウンセリングで、言語的な洞察がないのにかなりの成果のみられるケースに出会ったことである。そこから意識にはさまざまなレベルや広がりがあり、それらが全体として一つの場を構成しているのではないか、という発想が生じた。その際、ロジャーズの知覚の場という考え方に触れ、それがクームズとスニッグの現象的場の考えに拠《よ》っているのを知った。さらにユングの類型論が意識のさまざまな機能について述べているのが参考になった。ついで、心というものが経験的には十分にわかっているにもかかわらず、客体としては捉《とら》えがたいことに気づいた。そして心そのものは潜在的な未発の可能態にすぎず、それが外界の事物と出会ってはじめて顕在化すること、したがってわれわれは心そのものを直接経験することはできず、それが外界と出会う現象ないしプロセスを結果として間接的にしか経験できぬ、ということを述べたのが第二節である。未発の可能態であるから、然るべき外的対象と出会うことがなければ、生涯、顕在化せぬままに終わることもありうる。その限り心のその部分は当人にとっては無いも同然なのである。

それにもかかわらずそれはある、ということを説明したのが第三節の原観念ないしイメージというアイデアである。外界の事物をそこに映し出すことによって、心ははじめて顕在化する。同様に外界の事物もそこに映し出されてはじめて顕在化する。要するに内的な心も外界の事物も、映し、映し出されることによって間接にではあるが、はじめて経験される。その限り内界（心）も外界（客体世界）もそれだけでは未発のままで顕在化し（経験され）ない。つまり「ない」のである。にもかかわらず実感としてそれは「ある」。その逆説的な状況を、前節では母子関係、カウンセリング関係、動作療法に絡めてのことであるが、体と心関係におけるプロセスとして説明した。本節ではそれを受けて、とくに主体としての感覚がどのようにして生じてくるのか、について考えたい。

前節の説明では、①能動（見る、話す、動かす）、②受動（見返される、話し返される、動き返される）、③融合－受動的能動（見られる自分を見る、話し返される自分に話す、動き返される自分を動かす）、④能動（見ている自分を見返す、話す自分に話し返す、動く自分に動かし返す）というプロセスを経て、①に返るということであった。母子関係についていえば、①赤ん坊は期待をもって母親を見つめる。これをコフート流にいえば生物が酸素のある環境を期待して生まれてくることに、なぞらえられる。新生児は誕生直後から外界に対して積極的に関わるのであり、マーラーのいう正常自閉期[22]は存在しない。この自然な自発的な能動性に主体性の萌芽《ほうが》がある。ローレンツの刷り込み理論[23]でも、ある種の雁《がん》は最初に見るゆれ動く大きなものを親と期待しており、孵化《ふか》の瞬間をしゃがんで見ていたローレンツを親と思いこんでついて歩いていたヒナの例をあげている。②母親は歓喜《ジョイ》をもって赤ん坊を見返す。これが赤ん坊の期待するものであり、はじめて酸素を吸い込むのに似た、存在している手応えを感じる。③赤ん坊は見返された自分を見る。これは一つには、母親の歓喜に包まれて、同じ歓喜に満たされた自分を見ることである。それが自発性を支える基本的存在感を与える。もう一つは、母親の瞳に映った自分を見ることにより、母親の目で自分を見る、つまり自分自身を客体として見ることが、これもごく萌芽《ほうが》的なものとはいえ、始まるのである。これは主客未分化な一体感があればこその、主客分離の始まりともいえる。コフートの自己対象、ノイマンの母《マザー》－自己《セルフ》などと多分に重なる。一種の融合状態、受動的能動あるいは能動的受動の状態といえる。④見ている自分を見返すとは、そうした融合状態をあらためて客体として見ることを意味する。自分自身がより大いなるものに包まれている、漠とした全体感である。

カウンセリング関係についても、プロセスとしてはほぼ同じことがいえる。ただし期待とか歓喜は、カウンセラー－クライエントならではのものであり、母子間のそれとは決定的に違う。第四章で述べたように、同じ共感とか受容とか出会いとかいっても、母子とカウンセラー－クライエントではまるで異なることを考えておかねばならない。

動作療法における体と心の関係は、体も心も自分であるから、動き－動かすの主語を自分とするか体とするか、あるいは思いきって心にするかでかなり迷った。その分、説明にやや混乱が残ったが、大意は損なっていないと思う。しかし体は心に比べてまだしも客体として受けとめやすい。だからこそ思春期、それがにわかに異質性を顕わにし、それを自分としてどう取り入れるかが大きな課題となる。しかし誕生の初期から、体＝母、心＝赤ん坊と考えてよいプロセスが生じている。先にあげたノイマンの身体《ボディー》－自己《セルフ》の概念がそれをさしていると考えてよい。ただしここでいう心は、潜在的な未発の可能態という本書の定義とはややずれている。心づくしのところで述べたように、心ということばで常識的に〝わかって〟いるレベルで考えておいていただければと思う。もちろん「わが身体との出会い(24)」ということばが示すように、体との関係で心を考える場合、本書での心の定義を変えなければならない、とは思っていない。

以上、主体と客体ということを考えると、どうしても融合状態を仮定せざるをえないことを述べてきた。主体と客体の分化は、主客未分化のこの状態があればこそなのである。そこから、主体性、全体性、関係性といった心のありようが浮かび上がってくる。しかしそれらについては、第七章で検討する。
主体と客体については、しかしもう一つの重要な側面がある。次節ではそれについて考えたい。

第五節　我思う、ゆえに我あり

私は哲学の専門家ではない。しかし若いときにデカルトの『方法序説』を読んだ記憶がある。その後臨床心理学関連の文献で、彼の二元論についていていろいろな説のあるのを知った。だからその程度の知識で彼のことばを本節のタイトルに選んだについては、若干忸怩《じくじ》たる思いがある。しかし今まで述べてきたこと、これから述べようとしていることをつなぐのに最適のことばと思い、あえて使わせてもらうことにした。

前節①～④のプロセス論で一番重要なのは、おそらく③の融合状態からどのようにして自他が分離してくるのか、というところであろう。自分とは何かという大きな、おそらく容易に答えられぬ問題であろうが、すでに述べたように、他者の認識があってはじめて他ならぬ自分という感覚が生ずるのだから、自他ないし主客は同時に生ずる。たまたま自他と同じ意味で主客ということばを並べたが、もちろんこれは主体と客体ということである。また認識とか感覚ということばを似たような意味に使っているが、これはユング流にいえば意識の別々の機能にすぎず、同じ融合状態を、認識はより分化した、感覚は比較的未分化な形で捉《とら》えているにすぎない。だからあえていえば、この分離は意識と無意識の分離といっても差し支えないのである。

ところで、経験とは潜在的な心が外界と出会ってはじめて顕在化する現象ないしプロセス、というのが本書の定義である。だから心は経験を通して間接にしか経験できない。同義反復は承知している。それを避けるためには、後の方の経験を意識と置き換えればよい。ということは、経験とは意識の一つのレベルないしありようなのである。だからわれわれは内臓の働きや血液の循環を意識、つまり直接経験することはできない。意識するのはそこに障害が生じ、何らかの異常な感覚の生じた場合に限られる。

先に述べたプロセス③における融合状態は、主体と客体、心と外界、意識と無意識の融合した状態であり、両者の出会った瞬間、一種の忘我状態（まだ我は現れていない。それがまさに生まれ出ようとしている）、自分が経験される、すなわち世界の出現するはじまりの時なのである。以来われわれは、自分と自分以外のものを見分けるようになる。また、自分以外のもの同士を見分けることさえ可能になる。あるものをそのものと見分けるのは、それを他ならぬそのものと認めることであるから、そのものの背景には多くのそのもの以外のものが、潜在的には見えていなければならない。第二節で述べたように、イヌをイヌと見分けるためには、潜在的なイヌの原観念ないしイメージが要るが、それ以前にそうした原観念ないしイメージを他のものの原観念ないしイメージから見分けていなければならないのである。そしてこのような見分けの基準が自分との関わりの軽重である。

ただしそれはほとんど共通感覚レベルの経験である。意識的といえるかどうかもあいまいな、未分化で全体的な経験である。客体は主体があってはじめて顕在化するが、主体もまた客体のあればこそ顕在化しうる。ロジャーズの自己概念の説明があいまいなのは、見分けの基準として顕在的な面を強調し、潜在的な働きについて配慮が足りなかったせい、と思う。自己概念とは潜在的には「ある」のだが、特定の相をもたず、しかも自分に関するあらゆる相を含んだ原観念ないしイメージである。だから顕在的な形では捉《とら》えきれない。特定の場面に顕在化した特異的な相をいくら並べたてても、それらはすべて特異的な限定された相であり、それら全部を集めても自己概念たりえない。自己概念が自己のあらゆる相を含みこむ以上、特定の形があってはならないのである。その限り、それは未発の可能態として、つねに背景にとどまっていなければならない。

先に動作療法に触れたとき、体が主体（自己）なのか客体なのか微妙なので、動かす－動くという場合、動かすのは明らかに主体であるにしても、動くのは主体なのか、客体なのかあいまいになることを述べた。私（自分）のもの、私の体、私の思い、さらには私自身など、「私の」がつくことによって、客体であるはずのものに微妙なニュアンスが生じる。通常は当人もその差にほとんど気づいていない。しかしいずれの場合も、主体の客体化が生じている。それに応じて「私」の側にさまざまな客体化が生じるが、ここでは問わない。問題はどれほど自分を客体化しても、客体化している主体は主体としてとどまり続け、ついに客体化することはできない、という事実である。

たとえば、私は私を日本人であると思って（客体化して）いる。そしてそう思っている私を思うこともできる。さらにそのように思っている私を思うこともできる。だから私は自分をどこまでも思うことはできるのだが、そのつどそう思う主体としての私が立ち現れるのである。デカルトが「われ思う」といった「われ」を、私はこのような主体としてのわれと考えたい。それは、自分を他ならぬ自分として確かめる、つまり客体として確かめようとしても、究極的には確かめることのできない主体としての自分が残る、というある意味で絶望的な洞察だったのではないか。それは主体的なあるべき自分を求めて、自分がただ存在する、ひょっとしたらより大いなるものに生かされているだけの、悪くすればニヒリズムにひきこまれかねない、哀れな被造物にすぎないという自覚だったのではないか、と思う。

第六節　束の間の仮象

心を潜在的な可能態として述べてきた。それは外界の事物と出会ってはじめて顕在化する。それが経験するということである。意識化のごくはじめのレベルと考えている。しかし万物は流転する。この世にあるありとあらゆる物は刻々と変化してやまない。われわれの知覚能力が不十分なため、その変化を見分けることができないだけである。一方、主体であるわれわれも変化する。たとえば血中のアルコール濃度が変化するだけで、容易に気分が変動する。心の働き方に多かれ少なかれ変異が生ずるのである。いわゆる変性意識は、そういう場合のいろいろなヴァリエーションを示す。

しかし、いずれの場合も主体としての感覚は維持されている。未分化で全体的な共通感覚的なものとして、背景にあるのである。ただしどういうわけか、それが現在の経験＝意識に影響を及ぼしている。夢の場合、明らかに自分意識はありながら、死んだはずの人が現れても驚かない。何年か前にこの人は亡くなっているはずなのにと不思議に思っても、おかしいとは感じない。さっきまで外国にいて瞬時に日本に帰っている場合も同じである。変性意識状態でありながら、主体としての感覚は残っている。

外界が刻々と変わり、心の状態も容易に変化するとすれば、両者の出会いはすべて束の間、その場限りである。すべてが「いま・ここ」だけの経験であり、恒常性もなく繰り返されることもない。たまたま心がそこで一つの相を顕《あらわ》し、それがいくらか客体化－意識化されたにすぎない。だからそれは束の間の仮象なのである。ところが私を私として認知（意識？　知覚？）する場合、わたしのわと言い始めたときとしと言い終わったときとでは、私の状態も周囲の状況も明らかに変わっている。しかし私は私といって憚《はばか》らない。現実志向的にみてさしたる不都合も生じない。これは、いわば私感覚ともいうべき全体的《ホリスティック》な感覚が背景にあるからである。心を潜在的な可能態である、と述べてきた。私感覚も通常は背景に沈んでいる。野球観戦でひいきチームを熱狂的に応援しているとき、少なくとも意識的には私を感じることはない。しかしまったく意識していないわけでもない。つまり、今は夢中になって観戦しているけれども、あと二時間もすれば試合が終わる。その二時間後には家にいて多分これをしているだろう、という見通しがある。それがあるから、今は何もかも忘れて熱狂していてもかまなわない、という判断である。

　これを意識というか無意識というかは微妙である。おそらく定義の問題だと私は考えている。ただこの場合、私という観念が顕在化していないのは確かである。ここで私観念といっているのは、第三節で述べた原観念ないしイメージのことである。心とはそうした原観念ないしイメージ群の集成されたものであり、それなりに構造化されていることはすでに述べた。第一節で示したクームズとスニッグの現象的場の図では、自己概念がその中核を占めている。ロジャーズの有機体的プロセス、[25]ウィニコットの本当の自分、[26]とくにスターンの自己感覚、[27]それにユングのセルフもややニュアンスは異なるが、それに当たる。私自身もおおむねこの構造図に賛成である。しかしそれについては次章でさらに取り上げる。

　そこで私の問題に戻る。ここでわの時点としの時点では、私自身も環界も変化している。しかし私はそうした微妙な変化を無視して、共通部分だけを抽象して私としている。だからこの私は抽象的な私概念であって現実の私ではない。おそらく存在するとは瞬間瞬間の主体と客体の相互作用なのであろう。息を吸って吐く、その空気がどこで私になるのかではなく、両者の出会うプロセスこそが生きることなのかもしれない。動物たちにはおそらく私意識（感覚？）がないから、彼らは文字通り生命のプロセスを生きている。本書でいう経験は、主体（心）と客体（外界）の出会うその瞬間の、意識化（間接化）の面を概念化したものである。

今までことさら書き分けることをしてこなかったが、心とは広義には意識、主体、自分とほぼ同義である。その微妙なニュアンスを伝えようとして、そのつどの文脈次第で恣意《しい》的、時には同義反復を承知のうえで、使っていることをご了解いただきたい。必要と思う箇所では、それなりの狭義の定義を示してきたつもりではある。そして心全体の構造とプロセスを現時点での試論として提示してきたのが、「意識の場」理論なのである。しかしそれには次章全体をあてるつもりなので、ここでは図と背景の関わりについて少し説明しておく。

たとえば映画を観ていて熱烈なラヴシーンが演じられているとする。観客は二人の表情、仕草、時には交わされる言葉などの一つひとつに固唾《かたず》を呑《の》んでいる。しかしそれだけではもう一つピンと来ないのである。つまりそのシーンがどういう背景で演じられているかがわからないと、どれほど迫力があっても心に響かない。これがもともと見ず知らずでたまたま外国の都市で出会い、名前も職業も住所も確かめない約束で週に一度逢《あ》うことにした、その何回目かの逢瀬《おうせ》であるとわかれば、烈《はげ》しいやりとりの合間にあるしたたかさ（おのれの現実生活を守りぬこうとする）と淋しさ（人を信じきることができない）とが見えたりもする。もともとラヴシーンは、洋の東西を問わず、かつ昔も今も、それほど変わりばえするものではない。それがどういう状況で生ずるかによって感動的にもなれば陳腐にもなる。ロミオとジュリエットにしろ梅川と忠兵衛にしろ、観客の涙を誘うのは状況なのである。

ところがラヴシーンの最中に、二人の出会いのシーンはどうであったかなどに思いを巡らすと、たちまち眼前のシーンの影が薄れて折角の興奮がゆるむ。緊張を保つためには背景としての状況はつねに背景にとどまっていなければならない。この眼前のシーンが図と背景からなる意識の場における図、すなわち束の間の仮象なのである。背景が未発の原観念ないしイメージの集合体、心である。束の間の仮象は背景としての心に映し出される。逆に背景は図を浮かび上がらせることによって、仮象に何がしかの現実感を付与する。

似たようなことは音楽についてもいえるのではないか。リズムとかメロディは、直前の、さらにはその前の一続きの音の残響（現に聞こえてるわけではないから記憶というべきか、何か特別なそのための音楽用語があるのか）がつながってはじめて聞こえてくるのであろうし、オーケストラの場合、主旋律を奏でる楽器と副旋律を奏でる楽器は、強弱あいまって一つのハーモニーを形作っているのではないか。それを一つの楽器の音に注意を集中すると全体のハーモニーが崩れ、オーケストラの効果は台無しになるのではないか。

経験するとはこうして、束の間の仮象が背景に映し出され、それがまた新しい図として背景に浮かび上がるプロセスである。そのプロセスを線になぞらえれば点の集合というより、どちらかといえば軌跡ということになる。

第七節　感覚遮断実験

この実験は被験者の目を覆い耳栓をするなどして、外界の刺激を最大限に避けるようにする。その状況を四十八時間ないし七十二時間続けると、大抵の被験者に幻覚などの精神病様の症状が出る。それ以上の時間続けると回復不能になる可能性があるので、その後の追試的な試みはかなり慎重に計画されるようになった。わが国にも研究者がいる。これが、われわれが瞬間ごとに外界・内界から受ける刺激は無数といえるくらいあるが、そのほとんどは意識されず背景（意識下ないし識閾《いき》下）に潜在していることを明らかにした。

たとえば、いま私はこの原稿を書くために意識を集中しているので、部屋の温度や椅子《いす》の座り心地にはほとんど注意を払っていない。いまはそのことに注意が行っているから意識している。しかしそういうものよりもっと微妙な刺激にも、どうやらわれわれは気づいているらしいのである。感覚遮断実験は、そういう刺激をできるだけ少なくする状況を人工的に作り出す。そうすると、心のバランスが崩れるらしい。ここでの心は、もちろん原観念ないしイメージ群からなるまとまりのある集合体としてのそれである。先に内界外界からの刺激といったが、この場合の内界を、未分化ではあるが全体的な共通感覚的な心の準備状態、と考えることができよう。

それは、くり返し述べたように未発の可能態である。しかしわれわれの存在が酸素のある環界を前提としているように、生きるとは外界との相互作用があってはじめて可能、というよりそのような相互作用そのものが生命現象なのであろう。それを生命体が意識する（経験のレベルにおいてさえ）かどうかは二の次なのかもしれない。前にも述べたことであるが、われわれが内臓諸器官の働きを意識することはほとんどない。いま私の膵臓《すいぞう》がどのように機能しているのか。素人の知識であるが、ばい菌が体内に侵入すると白血球が果敢に立ち向かうが、その動きを意識することはおそらく不可能である。本書の定義でいう「経験する」こともできない体内現象、あえていえば自動的なホメオスタシス現象なのであろう。

ムレを作る動物には個体間にある種の感応現象のあることを、アリやミツバチの例を取り上げて先に説明した。哺《ほ》乳類のオスはメスを前提として創られている。もちろん逆も真である。子孫を残すことが生物の至上命令だとすれば、人間の男も女も欠けたる存在である。成熟とともにそれが未知の存在への憧《あこが》れとして意識に上ってくる。それが山の彼方、空の向こうの遠い国への思いをかきたてる。これを男女合体への準備状態と考えることができる。一丸藤太郎はニューヨークに留学中、鑪幹八郎と一緒にテレビを観ていて、二人して今日の放送はバカにわかりやすいと思っていた。そしてそれが日本語放送であることに同時に気づいて苦笑いしたことがあるという。聞けば当たり前の話であるが、気づくまで二人ともいつも通りの英語放送と思っていた。その間、意識的にはいつもよりわかりやすいという感じがあっただけなのである。それも意識のあるレベル、といえなくもない。彼らはそれと気づくことなく日本語を英語から聞き分けていたのである。

何年か前の新聞記事であるが、ドイツ人の父と日本人の母を持つ子どもが、家ではドイツ語、カナディアンスクールでは英語、街でよその子と遊ぶときには日本語を喋《しゃべ》っていたという。記者が父親に、子どもさん大変でしょう、と尋ねると父親は、なに、あれは自分がいま何語を喋《しゃべ》っているか気づいていないから大丈夫なんですよ、と答えるのを見て、そんなものかと思った。バイリンガルやマルティリンガルの子どもには、やはりそれなりのストレスがあると聞いたことがあるが、それとは関わりなく、子どもは場面の状況を自ら気づくことなく感じ分けて、それぞれの場面に応じてことばを使い分けていたのである。

われわれはあらゆる瞬間に実に多くの刺激を受けている。だからその刺激に細大漏らさず反応しようとすれば、注意が拡散して何がなんだかわからなくなってしまう。そこでそれらのなかでさし当たってもっとも重要なものに注意を絞る。だから周辺的な刺激にはことさら集中することをしない。サリヴァン(28)のいう選択的非注意である。にもかかわらず、それらはどこかで感じられている。内部的な身体感覚も含めて、それらの微細な意識が常識的にはほとんど無意識といってよいものも含めて、ホリスティックな心を形作っている。感覚遮断実験は、外的な刺激をできるだけ少なくすることによって、こうした微細な意識を断ち切るものである。意識＝経験とは心が外界と出会うことによって生じる現象ないしプロセスである。心は微細な外的刺激と出会うことによって微妙な全体的バランスを保っている。それが外的刺激を遮断されて内部感覚しか意識できなくなると、このバランスが崩れるのではないか。それが幻覚体験につながるのではないか、と思っている。もちろん生理学的にも確かめるべきことが多くあるだろうし、いわばほんの思いつきに過ぎないのだが。

第三節で、心とは多くの原観念ないしイメージの集成されたものであり、そこにはグローバルではあるがホリスティックなまとまりがあることを述べた。それはことばによって捉《とら》えられる明確な意識と、限りなく無意識に近いあいまいな意識と、ひょっとしたら意識不可能な身体プロセスも含めて、さらにはムレを作る動物が本来は備えていた仲間同士、時には外界との感応能力（それは本節にいう準備状態にとどまっているのかもしれないが）もひっくるめた、場としてしか捉《とら》えられないのではないか。そうした思いが「意識の場」という考えを思いつかせた。次章では、それについて論ずることにしたい。

第六章　意識の場

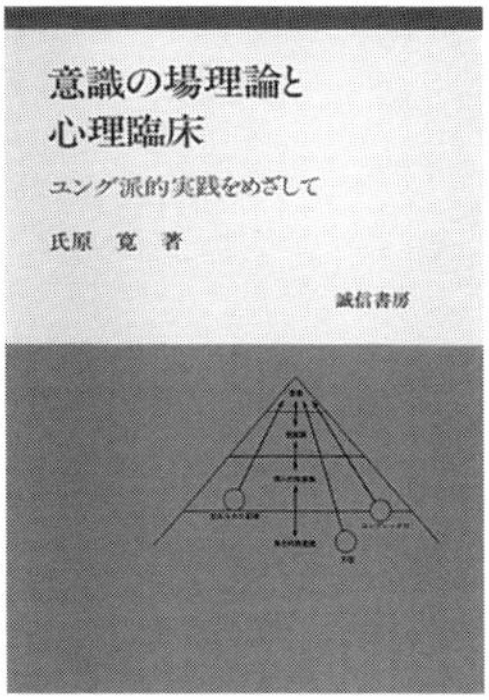

6

第一節　三つの仮説

「意識の場」理論[1]は、心の働き（心そのものではない）を意識することと捉《とら》え、それを従来のように、意識と無意識という比較的はっきりした境界をもつ二つの領域に分けない考え方に立っている。すなわち、ことばのレベルで明確に概念化できる部分から、ほとんど無意識に近い、時には事実上意識できない主観的プロセスまでを含みこんだ、ホリスティックで未分化な、にもかかわらずある種のまとまりのある場、として考えようとするものである。

同時に、意識とは心と外界との絶え間のない相互作用として現象化してくる、と考えるので、そうした場の動きをプロセスとして説明しなければならない。そこで図2によって場の動態（プロセス）を、図3によってその静態（構造）を説明することにする。今まで、こうした考えがどのようにして私のなかに醸し出されてきたのか、についてはある程度説明してきた。思弁的なものには違いないが、発想は実践的な疑問に基づいている。それが臨床的な構想にどうつながるかについては、第七、八章で述べる。

以下、図2、図3によって意識の場の動態と静態について説明するが、その前に本節では、こうした図を描くについての前提としての三つの仮説について述べておく。

いままでにも何度か説明したことであるが、ここで意識とは心の働きを示す概念である。フロイトの「イドのあるところにエゴをあらしめよ」ということばは、かなり多様な意味を含んでいるらしいが、心の働きを静的に捉《とら》えすぎたきらいがある。だから単純に考えると、イド（無意識）の領域を切り拓《ひら》いてエゴ（意識）

の領域を広げよ、と言っているようにとれる。心の働き（したがって意識・無意識）の連続性よりも断絶性が強調されすぎている。おそらく心の構造性に関心が傾き、プロセスについて考えることが怠られた。そのため、意識的なものがどうして無意識の領域に落ちこむのかの説明が精緻になればなるほど、落ちこんだそのものがふたたび意識の領域に浮かび上がることを説明できなくなる、というジェンドリンの批判[(2)]を招いた。

「意識の場」理論は、そうした意識・無意識の壁を問題にするよりも、「場」における意識と無意識の相互作用に注目する。その場合、意識を場における図《フィギュア》、無意識を背景と考えるのであるが、図はつねに束の間の仮象であり、背景に映し出されることによってはじめて、時間的空間的に定位され意味づけられる、とする。意識の場そのものにおいて、図はつねに明確な中心であるが（それがないと背景がまとまらない、つまり顕在化しない）、仮象に恒常性（連続性）、実体性、存在性をもたらすのは、あいまいな全体である背景である。これが「意識の場」理論の第一の仮説である。

次に、この背景、したがって無意識には、あいまいで未分化であるにもかかわらず、あるまとまりがある。前章に述べた、イヌの原観念ないしイメージについて考えていただきたい。それは現実のイヌと出会ってはじめて顕在化する。それ自体は決まった形をもたず、かつあらゆるイヌの形を含んでいる。イヌ以外のあらゆる事物についても同じ原観念ないしイメージがある。そしてたぶん、自分についての原観念ないしイメージをめぐって未分化ではあるが全体としてまとまったコスモロジー、ないしコンプレックスを考えるのが二番目の仮説である。この潜在的な未発の可能態、ホリスティックな全体感覚が、私の考える心、主体、自分ということになる。これを客体として捉《とら》えることはできない。主体は対象をいくらでも客体化できるが、そして主体自体を客体化することさえ可能であるが、そのように客体化している主体はあくまで主体として残るからである。

ところが意識化は、つねに客体化、概念化のプロセスを伴う。私が私を考えるのに、「わたし」ということばを使うのに日常的にはまったく不都合はない。むしろ便利でさえある。しかしこれが一つの抽象化であることはすでに述べた。存在するとは文字通り一瞬一瞬のいわば点の集合なのであろう。おそらく動物にとって生きるとはそういうプロセスではないか。彼らにも弁別、認知の能力はあるのであろうが、主体としての感覚、したがって意識的なプロセスはないのではないかと思う。われわれの内臓諸器官が、明らかに合目的的に機能しているにもかかわらず意識されることがほとんどないように、である。

そこでわれわれが、それらの器官たとえば血小板の働きを主体的に「生きている」といえるのかどうか。もちろんそれらが「ない」とはいえない。とすれば、「生きる」とは何らかの形で「意識的に」、つまり主体として生きる、束の間の仮象（意識）を背景（無意識）に映し出す、または仮象が浮かび上がる、ということになるのではないか。しかしそれは多かれ少なかれ主客の分離を伴い、心と客体との出会いそのものからの遊離、したがって生のプロセスの間接化をもたらす、という人間存在の逆説につながっているのではないか、というのが第三の仮説である。

第二節　動態　意識・前意識・境界

図2をご覧いただきたい。

頂点のAは理論的には点であり、面積をもたない。意識の場における図に当たり、背景はA以外の全領域である。外的対象と心とが出会う瞬間を示している。それが背景に映し出される。ただし説明のためにさし当たっては前意識のB領域だけを背景としておく。前意識とは、意識しようと思えば大抵できるのだが、選択的非注意によって現在は意識されていない領域である。たとえば性別、自分の身長、国籍、知人の顔など。映し出されるプロセスとして、やや粗っぽいがど忘れ現象をとり上げておく。

　誰か知人の名前が急に出てこなくなる。佐々木か林か田中か。とにかくよくある名前だという感じはある。渡辺と思いついてみる。しかしやや遠ざかる感じがある。山田かと思う。少し近づいた感じだがまだぴったりこない。仕事仲間の感じで親しいけれどもすっかりは寛《くつろ》げない相手である。最近会っている。そして吉田と思いつく。それでわかったと思い、緊張が解ける。この感じはジェンドリン[3]のフェルトセンスに近い。

　ある程度確かな感じがある。そこで図の部分にそれらしい名前をのぼらせる。それが背景の全体的な感じに映し出される。そこでピッタリした感じがくるかどうか。近い遠いの感じは確かにある。この図の中には双方向（↕）と一方向（↑）の矢印がある。一方向の矢印は背景からの作用はあるのだが、図のほうからの作用がない。だからあえていえば、感じ

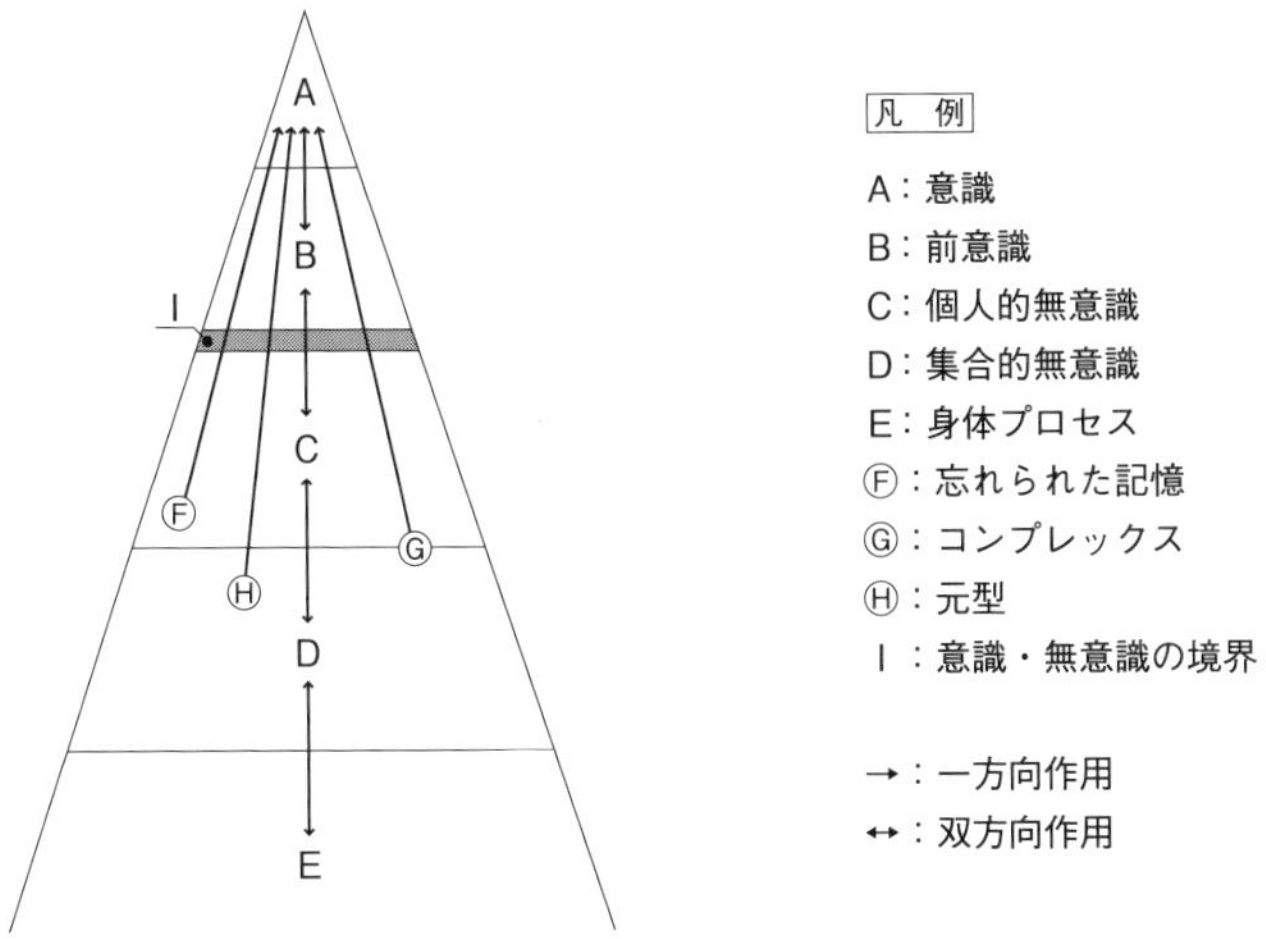

図２　意識の場：動態

られているのだが意識はされていない。もちろん感じられているとは意識の一種である。だからこうした言い方は同義反復のそしりを免れえない。

しかし意識にさまざまなレベルのあることはすでに述べた。知覚する、潜在的に知覚する、知る、認識する、感じる、わかる、経験するなど、すべて意識を上位概念とする同義語である。だからこれらの語群のどれかを意識とするか無意識とするかはほとんど定義次第であり、厳密な議論を心がけるとなると、かなり緻密な使い分けが必要になる。本書の場合、意識を主体（心）と客体（対象）との出会いのプロセスとしているので、主体に力点をおく場合と客体を主とする場合とで、定義に揺れのあることは承知している。しかも人間の場合、主体である自分をかなりの程度客体化することが可能であるし、かつ同じ理由から、客体を外的対象に限らず、内的イメージにまで広げて考えることができるから、しばしば同義反復的なあいまいな表現にならざるをえないことはご理解いただきたい。

そこで先のど忘れした名前を思い出すプロセスに戻ると、背景にはあいまいだけれども確かな手応えがある。それがAの場所に佐々木とか林の名が上がるたびに、遠いとか近いという感じとして意識される。これは、コンプレックスが定義上しばしば無意識とされながら、明らかに現在の意識に影響を及ぼしていることになぞらえることができる。コンプレックスに触れる話題にいきり立つ人は、自分のコンプレックスに気づいていない人が多い。気づいている人は多かれ少なかれコントロールできるので、わりに穏やかにいることができる。ここでコンプレックスの働きを意識的とするか無意識とするかが、先に述べた定義次第という場合である。名前のど忘れにコンプレックスが関わっているかどうかはよくわからない。しかし通常はコンプレックス・フリーの現象であろう。にもかかわらず、これは誰しもにしばしば起こる。ここでは背景から図への作用が一方的であるとはいえ、かつ遠い近いといった漠としたものにせよ、図に届いていることを示すためにとり上げた。そこであらためて吉田という名前が映し出される。つまり図として意識されてくる、のである。

ところで吉田という名前を思いついたとき、図は背景のなかに所を得たのである。それがピッタリ感、つながり感であり、多かれ少なかれある種の解放感を伴う。それで一連のプロセスは完結したのである。主体と客体との相互作用はたえまなく続けられているから、状況に応じて新しいプロセスが展開する。豊かな内界（心）と多様な外界の相互作用であるから、それらは多層多重的であるが、それについては次節で考える。

ただ一つ付け加えておくと、Aは理論的には面積のない点にすぎないといい、事実その通りなのであるが、瞬間瞬間の外的刺激は無数にある。したがってそれに対応する心（主体）の側の反応も無数である。それはほとんど意識されていないけれどもやはり感じられており、そうした識閾《いき》下の相互作用が、心の顕在化（意識化）のバランスを保つのに重要な役割を果たしているらしいことを、前章の感覚遮断実験の結果が示している。そうすると選択的非注意ということを受け入れても、上のAの領域は、点というより場を形作っていると考える方がよいのかもしれない。それとも、その部分もまたB領域の一部と考えるか。どちらでもよいような気もするが。

ということで、図2の境界から上のA・B二領域が意識的世界を形作っている。そしてA領域が図、B領域が背景となり、たえまない相互作用を行っているのである。しかしB領域は意識しようとすれば大抵は意識できるのだから、背景とはいうものの、かなり図（意識）に近い。かつ明確に、つまりことばのレベルで、客体化＝概念化することが可能である。「いま」が「いつ」か「ここ」が「どこ」かだとか、「私は誰か」などについても相当はっきり把握することができる。したがって「いま、ここでいかにあるべきか」といった方向性を見定めやすい。先にとり上げたど忘れ現象が時に生じるにしても、である。

しかし境界H以下の領域は、定義からしても意識することができない。意識の場理論は、この領域もまたA領域とたえず相互作用を営んでいる、という前提に立っている。だから意識と無意識は厚い壁にはばまれた別々の領域ではなく、連続した一つの場なのである。かつ精神的健康を、意識的領域を広げることではなく、意識の場の各領域の相互作用をスムーズにすること、と考えている。ちょっとした思いつきにすぎないが、西欧的な合理主義は、この境界線をできるだけ無意識領域深くおし広げ、理解可能なあるべき世界を拡大してきたように思われる。その代わり、理解できぬものの侵入を防ぐ境界を厚くしてきたのではないか。しかしわれわれ日本(東洋?)人は、むしろ二つの領域の疎通性を高め、あいまいな、より大いなるものとのつながりを保とうとしてきたのではないか、と思う。

第三節　個人的無意識・集合的無意識・身体プロセス

Cの領域はいうまでもなくフロイトのいう無意識である。かつて記憶されていていまは思い出されぬもの、とされる。三木[(4)]によれば内観療法をうけたある男性は、小学校三年生のころ、参観日に来た母親の羽織の細かい柄《がら》まで思い出した、という。あるいは、ハワイ出身の若いアメリカ人女性は、三、四歳のころ、父親が本土で兵士として訓練中に数人の暴漢に家に押しこまれ、目の前で母親の陵辱されるのを見た。あれは母親に起こったこととわり切っていたが、箱庭療法を受けるうちに、そのときテーブルの影に隠れ「ヘルプ、ヘルプ」と声にならぬ声で叫んでいた自分を思い出した。母親だけが傷ついたのではなかったことに気づいたのである。いずれの場合も、ある時期からA領域とつながらなくなった記憶が、ふたたび結びついたのである。図2でいえば、今まで一方向の矢印で示されていたものが、双方向の矢印に変わったことになる。

もちろんこれらは、内観の場合には母親にまつわる当時の記憶群が活性化され、そうした背景に羽織の模様が浮かび上がったのである。ハワイの場合も、箱庭製作とそれに伴うセラピストとの語らいのなかから、そのときの自分の気持ちが甦《よみがえ》ったのである。この領域には前章で述べた原観念ないしイメージ群の膨大な集積がある。ただしそれらは潜在的な可能態として背景にとどまっている。それが内観なり箱庭の過程のなかから一つのまとまりとして照らし出され、そこから羽織の柄《がら》または恐怖体験が束の間の仮象として浮かび上がる。それがふたたび背景と相互的に作用して、いまの懐かしさないし傷つき体験を映し出すのである。

ここで注意しておきたいのは、以上述べたことが、図と背景の相互作用を説明するために、図としてのA領域、背景としてのC領域、それもそのなかの一つの観念群、との双方向的関わりをとり上げていることである。実は、C領域は全体としてA領域と関わっているが、B領域ともさらにはAB領域とも、それらの背景として機能しているのである。さらにC領域単独でD領域を背景とし、かつABC全部をひっくるめて、D領域およびその下のE領域をも含めての背景に映し出されている。要するに図2に示したABCDEの各領域は、A領域を図、頂点とし、B以下の領域はすべて単独にまたは全体として上の領域の背景として機能している、ということである。繁雑になるのを怖れて、各領域間の相互作用は隣接の領域間にだけ双方向の矢印を付しているが、実はもっと複雑な多重多層的な働きあいであることをご理解いただけたらと思う。

次がD領域である。これはユングの唱えた無意識領域である。フロイトの概念にユングの概念をくっつけて、一部の方にはご不満かもしれない。しかし私は、個人的無意識のさらに深い層にこうした無意識を仮定せざるをえない、と思っている。それは、好むと好まざるとにかかわらず、われわれの体に生物学的なメカニズムが組みこまれている、と考えるからである。すでに述べたように、われわれはわれわれの生物（理）学的機能のすべてを意識することはできない。免疫機能の仕組みは科学的にかなり解明され、ある程度その機能を促進させたり制止させたりもできるらしい。しかしその生理的プロセスを意識することはまずできない。

先にシロアリやミツバチの例をあげて、ムレを作る動物たちには仲間同士の間に感応現象のごときものがあるらしい、と述べた。人間もムレを作る動物である。そしてウィニコット[5]のいう原初的母性的没頭がその類のものと考えられることも説明した。コフート[6]によれば、赤ん坊にとって自分を見返す母親の輝く瞳は、彼または彼女が酸素のある環界を前提として生まれてくるのと同じく、おのれの存在を感じるための不可欠の条件である。その限り赤ん坊は誕生直後から外に開かれた存在なのである。

ここで「存在を感じる」と述べたが、感じることは本書の定義上すでに意識していることである。意識するとは主体が客体に出会うことによって生じる現象ないしプロセスである。赤ん坊に主体ないし心の存在を仮定してよいものかどうか。また、環界との相互作用が前提されているというだけならば、動物における刷りこみのメカニズム[7]も人間の赤ん坊の場合と変わらぬのではないか、したがって動物にも主体ないし意識があるのか、といった疑問も生じてくる。これらの疑問に十分に答えるだけの用意は、現時点での私にはまだない。ただ、見る・見返す母子の相互作用、未分化な一体感、たとえばウィニコット[8]のいう母子ユニット、を通してこそ、赤ん坊の自己感が形成されてくるのではないかと思っている。そのための生物（理）学的レディネスのごときものを考えてもよいのではないか。

こうしたレディネスが、自分についての原観念ないしイメージの相当部分を占めているのではないか。それらは潜在的な可能態である。したがって然るべき対象と出会うことがなければ顕在化することがない。その限り無いも同然なのである。構造（静態）的には意識の場の中心は自分である。それについては第五節で述べる。それはイヌの原観念について述べたように、自分についてのあらゆる相を含みながら特定の相を持たない。また、ここでもイヌの場合と同じように、生活経験を通してかなりの変容を蒙《こうむ》ることがありうる。生物としての人間が、おそらく基本的には同じ基盤によりながら、生活状況に応じてそれぞれ異なったユニークな相を顕在化させる。その基盤に当たるのが、このD領域、集合的無意識なのである。C領域、個人的無意識は、だから自分についての原観念ないしイメージの個人的特異的な部分と考えてよいかもしれない。生物（理）的という以上、それがE領域、身体プロセスとも密接に関わっていることはいうまでもない。しかしこれらの領域はまったくの仮説的なものであり、思弁的空想の域を出ない。

動物には意識がない、と考えている。そのための生物（理）学的レディネスがないからである。彼らが人間よりもはるかに緻密な行動をとりうることは承知している。それはわれわれの内臓諸器官の多くが、意識の及ばぬところで精緻な合目的的機能を果たしているのと同じである。単細胞生物でも栄養素には近づいても酸を避けるだけの弁別力をもつという。(9) 植物の向日性とか向水性を意識的行動とは呼べないのではないか。

なお図2の三角形には底辺がない。これは身体プロセスのさらに下に、まだまだ把握しきれない可能性があると思っているからである。ムレ仲間の感応現象をはるかに超えた、マクロコスモスとミクロコスモスとの関わりめいたものが、ひょっとしたらあるかもしれないということも含めて、である。

第四節　忘れられた記憶・コンプレックス・元型

以上、意識の場がAの図を焦点に、ＢＣＤＥからさらにその底を超えて、それぞれが単層であるいは多層的に、図となり背景となり働きあっている、と考えるのである。生物（理）学的レディネスということになると、ロジャーズの有機体的プロセスと多分に重なってくる。だから場のどこかのわずかの変化でも場全体のバランスに微妙な影響を及ぼす。先に感覚遮断実験について述べたように、選択的非注意によって識閾《いき》に達していない刺激でも、潜在的には場全体のバランスを保つために微妙に働いているのである。

本節の三つの項目は図2では○に囲まれているが、それぞれの領域内で他の諸部分とすっかり離れて存在しているわけではない。意識の場はいろいろな原観念ないしイメージに溢《あふ》れているのだが、そしてそれらは一つひとつまとまった群を形成しているのだが、互いに重なりあい融けあってもいる。つまり相互に背景となり図となって映し出されることによって、束の間、間接的に顕在化するのだから、明確な輪郭がそもそもない。そしてそのような相互作用・プロセスを通して未分化ながら全体としての意識の場の構造を保っているのである。

そこでまず忘れられた記憶について述べる。これを先に述べたど忘れによって説明すると、忘れられた名前がコンプレックスとして場に形成されているのである。そこで図にいろいろな名前が浮かび上がり、背景としてのコンプレックスに映し出される。その結果、近いとか遠いとかのフェルトセンスが生じる。この、ある種の刺激群に特異な感覚で反応する（すでに意識のあるレベルである）メカニズムをコンプレックス機能とすれば、忘れられた記憶も、コンプレックスの一種ということになる。

フロイトが外傷説を願望説に切り替えたことが、精神分析の今日の隆盛につながったといわれる。しかし最近は、とくにアメリカにおいて外傷説がふたたび優勢になっているようである。そこで甦《よみがえ》った記憶についての論議が高まってきた。とくに分析治療を通して近親者による性的虐待を思い出すことが増え、子どもたちが親を訴えることもあるらしい。もともとは北米の多重人格障害の急増と関連している。思い出した事実の真実性が問われ、医師による暗示のせい、つまり医原性が疑われる場合も少なくない。忘れられた記憶よりも甦《よみがえ》った記憶が問題になっているのである。

記憶はしばしば歪曲される。私が育った田舎の家には近くの流れから引いた小さな池があった。長い間私には、その池に私がうつ伏せに浮かんでいる明確な記憶があった。小学校低学年のころか、友だちに、浮かんでいる自分をどうして見ることができるのかを聞かれ、それが錯覚であることに気づいた。たぶん池に浮かんでいた話を何度も聞かされているうちに思い描いたイメージが、記憶として定着していたのであろう。ピアジェにも有名な同じような話がある。一、二歳のころ子守に連れられ乳母車で散歩していたとき、人さらいに襲われた話である。男の顔や必死に防いでくれた子守りの様子などをありありと覚えていた。しかし何年もたってそれが子守の作り話であることがわかり、その記憶が幼い彼の創り上げた物語であることがわかった。

しかし大切なことは、真偽のいかんを問わず、つまり外傷であろうと空想であろうと、それがコンプレックス、意識の場ということでいえば原観念ないしイメージ、を形成する際に果たす役割は変わらないことである。甦《よみがえ》った記憶とは忘れられた記憶のあればこそなのであるが、それが創られた記憶である場合のあることは、昨今の、時に安易な（と私には思われる）ＰＴＳＤ論に一石を投ずるものとして見逃しがたいことと思っている。

次がコンプレックスである。定義上無意識とされているが、ユング[10]自身が、意識されたコンプレックスと無意識のままのそれとでは、連想検査の結果に明らかな差のあることを述べているから、意識・無意識が状況に応じてしばしば違って定義されうることは弁《わきま》えておかねばならない。それと、忘れられた記憶について述べたように、このことばが必ずしも抑圧《レプレッション》とか分裂《スプリッティング》とか、いわゆる防衛《ディフェンス》メカニズムによるとはいえない場合のあることも心得ておく必要がある。ただ通常は、一群の外的刺激に触れたとき、つまり意識の場のA領域に図として浮かび上がった場合、ある特異的な感情が生じる。つまり背景としてのコンプレックスに映し出され、それが感情のレベルでA領域に浮かび上がる。ここでA領域の意識がつねに明確な、たとえば言語レベルのものとは限らないことを考えねばならないが、それについては次節で考える。

ここでも、少しばかりためらいがあるのだが、私自身の経験を述べておく。チューリッヒで分析を受けていた折、遅れていた家族がやってきた。それで昼食によく行っていた近くの小さなレストランに連れて行った。少し得意気だったような気がする。そしていつもの中央近くの席に座ろうとしたら、予約席だという。しかし予約の札はおいてない。少し不満だったが仕方ないので、言われた通りのカウンター席に並んで腰かけた。そして食べ始めたのだが、いつまで経っても予約客が来ない。私たちが食べ終わっても、まん中のその席は空いたままである。いつの間にか予約の札は置いてあった。とっさに私は人種的偏見だと思った。

これには伏線がある。街でタクシーに乗るとマルクスのようにいかめしいのや、キリストのように高貴な顔つきの運転手たちに出会い、何だか乗せていただくような気分になることが再々あった。そのつど薄々とは感じていたのだが、このレストランではっきりした。私の白人コンプレックスである。私は大阪外国語大学に十年余り勤めており、留学生別科という所に所属していた。留学生寮の主事も兼ねており、白人と接触する機会は平均的日本人より多かった。分析のためチューリッヒには毎年出かける時期があり、そのレストランもなじみの店ではあった。だからある程度コンプレックスには対応できているはずだったのである。家族の手前ということもあったかもしれない。腹が立つので分析家に言ってみた。あれは偏見か私のコンプレックスか、と。「フーン、難しい」と暫く考えて、チューリッヒの交響楽団には日本人のバイオリニストが三人（四人？）いる、というのが彼の答えだった。

　コンプレックスについてはもう一つ言っておきたいことがある。それは、コンプレックスに気づいたからといって解消するわけでないこと、である。コンプレックスとは概して、自分のものとしては受け入れにくいことを無いものとするメカニズムによって生じている。だからそれに気づくとは、受け入れがたい自分と対決することである。気づけばすむことではなく気づいてからが大変なのである。個人的経験からいえば、コンプレックスのなくなることはない。しかし何とかつきあえるようにはなる。半ば諦《あきら》めに近いが、自分の一部として何とか受け入れられる。それに応じて、他人の似たようなコンプレックスに気づいても許容しやすくなる。おのれの潜在的なコンプレックスに他人のコンプレックスが浮かび上がり、ほんの少し共感性が高まるのかもしれない。同窓会や県人会で心が和むのは、こうしたコンプレックスの共有、あるいは共犯者意識のせいかもしれない。

　おしまいが元型である。私のいう原観念ないしイメージがこの概念にかなり重なることはすでに述べた。生得的な、それも個体発生的というより種属発生的な生物（理）学的レディネスにつながっている。ただ私の場合には、後天的な要因もかなり大きい。合理的なカテゴリゼーションに近い面も視野に入っている。ユング自身[11]、たとえばアニマ元型には生まれてから以後のあらゆる女性的なものの経験が含まれる、といっているから、すべてを集団的な可能態と決めつけていたわけでないのがわかる。グッゲンビュール＝クレイグ[12]

は、女性元型をさらに細かく分類し、ヘタイラ元型、アマゾン元型などに分けている。あるいはビルクホイザー＝オエリ(13)は、赤ちゃんを生んだ女性は自分が母親になったつもりでいるが、実は母親元型のために自分の体を提供しているにすぎない、母親を生きているのではなく生かされているのだ、とさえいっている。

われわれが元型を生きているのか生かされているのかは微妙である。それは、われわれが体を生きているのか生かされているのか、という疑問に重なっている。体が主体なのか客体なのかについては、第五章で動作療法について述べたときに少し触れた。私自身は、主客の分離とともに心＝意識が生じたと考えている。植物はもちろん動物も明らかに生きているが、生きている意識はない、と思っている。人間でさえ体の微細な働きのすべてを生きている、とはいえないのではないか。元型という概念は、人間の心の働きを理解するために考え出された抽象的な観念ないしイメージである。本章の意識の場という考えも、同じく人の心の働きを納得しようとする試論にすぎない。われわれは心だけで生きているのではない。また体だけで生きているわけでもない。好むと好まざるとにかかわらず、体と心をもつ全体として存在している。

意識の場とは、全体としての心の構造とプロセスを説明しようとしている。便宜上図式化し各部分を分けて考えている。しかしもともとは全体的な心の働きが考えられている。だから元型にしても、たしかに心の一部として考えうる余地はあるが、つねに全体なのである。ＡＢＣＤＥの各領域、さらに領域化することすらできぬ領域（だからこそ図2には底辺がない）まで含みこんだ、未分化な全体的な場が想定されている。にもかかわらず、カテゴリゼーションにたえるほどの潜在的な構造化への可能態といえるわけである。その限りでは、意識の場の構想自体が、ユングの元型観念と重なる部分を多分に含んでいるとは思う。

以上、本章では、図2によって意識の場の各領域の相互作用のプロセスについて説明してきた。そこで次節ではその仮説的な静的構造について、図3によって説明することにする。

第五節　静態

図3をご覧いただきたい。意識の場の静的構造を表している。

一見してわかるように、この図は図2を円錐の立面図と見た場合、それを上方から平面図的に眺めたものである。AB両領域がそれぞれ意識から自我、前意識から非自我に変わっている以外、まったく同じである。これは、第五章に示したクームズとスニッグ[14]の現象的場の図に着想を得ている。彼らの自己概念を文字通りの自己についての概念、現象的自己を自我コンプレックス、非自己（現象的環境）を外界の事物とすれば、ほぼ本図のAB領域と重なることになる。意識ないし心について考えるのに、場の概念をとり入れたのは素晴らしい発想と思えるが、領域間の相互作用ないしプロセスについて十分な関心の払われていないのが物足りない。

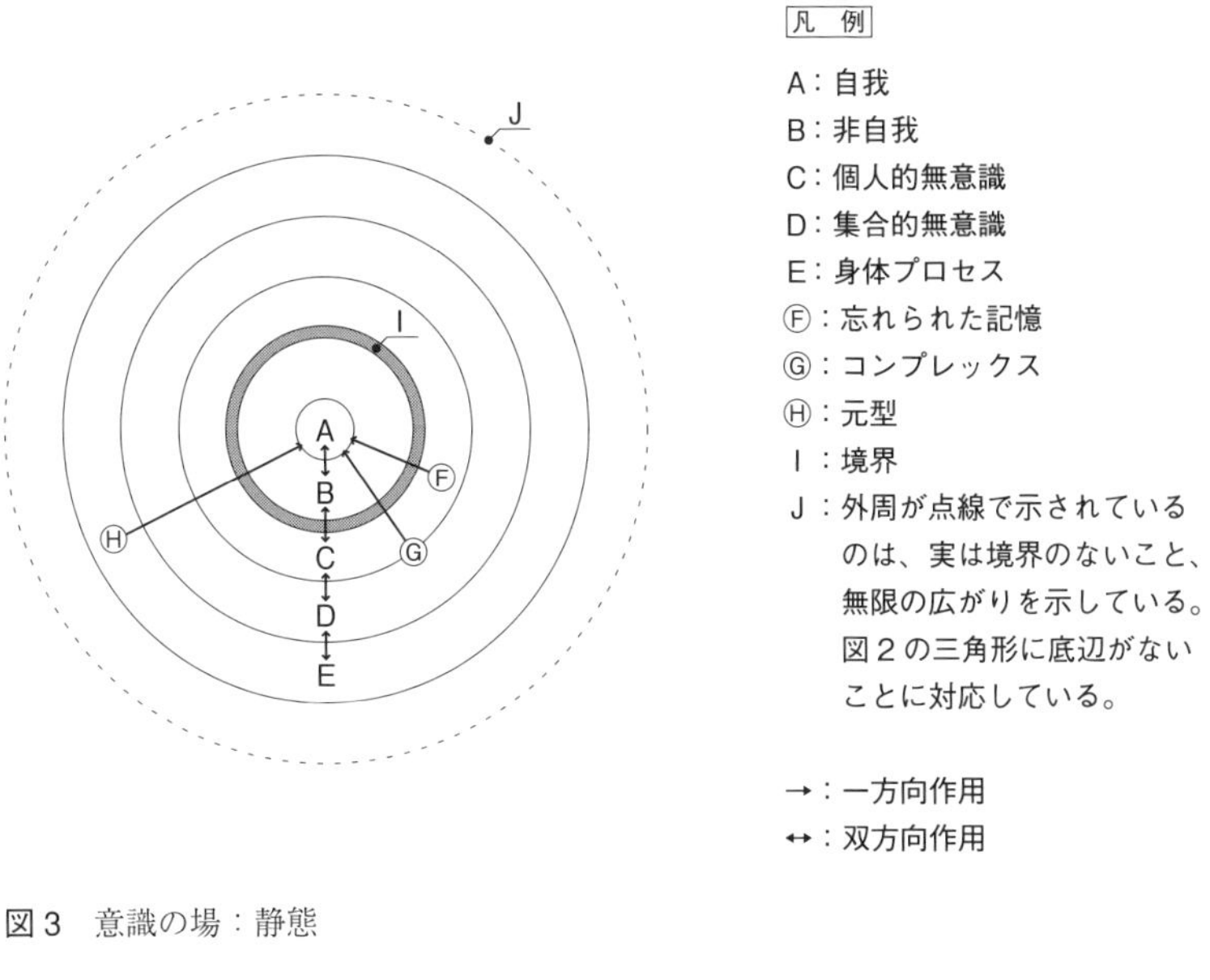

図3　意識の場：静態

図3が図2と違う一番の特色は、この図が全体としていわば自我コンプレックスを描き出していることである。図2では潜在的な可能態としての心の顕在化するプロセスを説明するために、図と背景の相互作用が強調された。それが現実の心の働きを示している、と考えたからである。その場合、図として場の頂点（A領域は理論的には面積のない点であることはすでに説明した）は外的事物と心とが出会うまさしく束の間の瞬間を表している。外界の刺激が図となって背景としての場全体に映し出されて、心が顕在化、あえていえば無意識が意識化、されるのである。この場合、心ないし主体は外界の事物ないし客体と出会うことによってはじめて、経験ないし意識される、ということになる。

図3は、心＝主体が外界＝客体と出会う以前の仮説的状況（もっとも図2自体も仮説的な図ではある）を示している。図と背景が相互作用を始める以前の意識の場の静的構造なのである。クームズとスニッグの現象的場の概念は、そういう状況を説明するためのものとしては、少なくとも出版当時では画期的な仕事であったと思う。ロジャーズ(15)が知覚の場として、自分自身の自己概念の説明にとりこんでいることはすでに述べた。クームズとスニッグが自己概念と現象的自己とを分けざるをえなかった（面倒であるがぜひ九四頁の図1を参照されたい）のは、自己概念には確かに明確に言語化できる部分もあるが、自己感とでもいわねば仕方のない部分、本書でいえば、背景にある限り未発の、したがって潜在的無意識的な可能態としての心の働きについて、彼らが気づいていたことを示している。ロジャーズが有機体的経験と自己概念とのズレを〝潜在的〟に知覚する、と表さざるをえなかった働きである。

図3の自我は、クームズとスニッグの自己概念と現象的自己の両方を含んでいる。両者の相互作用については説明したはずである。両方をあわせて自我ということになる。だからこの自我はすでに自我コンプレックスといってよい広がりと深みをもち、意識的無意識的両方の部分を含んでいる。それが同心円の中心にあ

るのは、図2同様の矢印によって、場全体との多層多重的相互作用の中心であることを示している。つまり自我コンプレックスというのは、単にA領域に限られない図2、図3の全体ということになる。

それについてはヘルメス・トリスメギストス(16)によるといわれる神の定義があるので紹介しておく。「神とは至る所に中心のある円周のない円」ということばである。まず円であるとはそれが一つのまとまりをもつことを示している。私のいう原観念ないしイメージが、あらゆる形を含むがゆえに決まった形をもたないこと、にもかかわらず一つのまとまりをもつことに対応している。円周のないことは形がないのだから当然であるが、図2に底辺が、図3に外周がないように、この円が境界をもたぬ無限の広がりないし深みをもつ、ということであろう。中心が至る所にあるとは、外的事物が意識の場に出会うとき、そのつど束の間の仮象、図として場全体を背景として浮かび上がるプロセスを捉《とら》えているのだ、と考えられる。ここで神を、心、自己、主体などと言い換えれば、それは本書で意識の場として説明していることとほとんど変わらないのではないか、と思う。

次に非自己(現象的環境)であるが、非自己という以上、自己でないことがわかっているのである。主体の成立が客体世界の出現と同時であることはすでに述べた。他ならぬ私意識を主体意識とすれば、他としての客体認知なしに主体の成立しようがないからである。先に感覚遮断実験について説明するに当たって、選択的非注意について触れた。その際何をもって選択の基準とするのかについても簡単に説明した。その基準が自我コンプレックスなのである。ただしこれは潜在的な可能態であり、つねに背景にとどまっているので明確な尺度ではない。まさにヘルメス・トリスメギストスのいう神のような、輪郭のない、顕《あらわ》れるときにはつねに場の中心にあるが束の間の仮象であり、意識的自我からすれば摑《つか》まえる度に姿を変えるプロテウスのごときものである。にもかかわらず、それが選択的非注意ないし注意の基準として機能する。全体としての自我コンプレックスが自分との関わりの重要度に応じて、そのつどの「判断」を行う。意識に限定された自我からは思いもよらない結果の生じることが少なくない。C以下の領域がそのつど意識の場に飛びこんできた客体の映し出しに関与するからである、その限り意味とか価値は自我コンプレックスとの関わりで決まる。クームズとスニッグによる現象的場理論、ロジャーズの知覚の場理論はその点、無意識部分についての関心が薄く、理論的なあいまいさを免れていないと思う。図2、図3でいえばAB領域に限定されすぎている。場理論に拠《よ》る以上、領域を明確に分けざるをえなかったのであろう。プロセス論を導入することで、自我コンプレックスを場の限定された中心でありながら、同時に場の全体から成りたってもいる逆説を説明できるのではないか。意識の場理論はそれらの逆説的な心の構造と機能とを何とか理解しようとする試論である。

C以下の領域については、前節の説明に付け加えることはない。

第六節　共通感覚論

共通感覚についてはすでにアリストテレスが論じているという。しかし私は、このことばを中村[17][18][19]を通して知った。そしてこの概念が、本章で論じた意識の場における背景（A以外の全領域）の感じを表すのにぴったりと思った。くり返し述べてきたように、この感じは潜在的な可能態である。厳密にいえば無意識ということになる。しかし意識の場には内外の刺激に対するある種の準備性のごときものがある。身体プロセスの展開に応じて、異性への感受性の高まるような場合である。これを意識というか無意識とするかは、これもくり返し述べたようにほとんど定義の問題である。

前節でヘルメス・トリスメギストスの円について説明した。至る所にある中心とは、意識の場でいえば、そのつどの図にあたる束の間の仮象である。これはたえず背景の全体と多重多層的に交流しており、変転極まりない。しかし背景の構造に支えられ、ある種の一貫性ないし恒常性を保っている。円周はないけれども円が円であるゆえんである。ヘルメス・トリスメギストスはこの円をもって神を表すとした。私はこれを、意識の場の動的プロセスと静的構造とを同時に表すものと考えている。束の間の仮象を映し出してはじめて顕在化する、背景としての心、主体、自我コンプレックスなどと同義とするのである。共通感覚とはそれらを未分化な全体として感じとる。漠とはしているが確かな手応えのある感覚、と理解している。

中村は、これをコスモロジー、パフォーマンス、シンボリズムと分けて、さらに哲学的考察を深めている。しかし本節では彼の考えを忠実に辿《たど》るのではなく、それによって触発された私自身の考えを述べることにしたい。共通感覚に通底する時空感覚、身体感覚、イメージ感覚についてである。

まずコスモロジーについて。これは「いま」が「いつ」か、「ここ」が「どこ」かという感覚である。ただし物理的な「いま・ここ」とは意味が違う。たとえば六十歳の老人と二十歳の若者では、残り時間を考えるだけでもお互いの「いま・ここ」に大きな差のあることがわかる。そのように異なる「いま・ここ」をもつ者同士が、物理的な「いま・ここ」で、お互いが相手がいるからこその意味を創ることが「いま・ここ」を共有することなのである。それぞれの途方もない時間軸、空間軸がたまたま「いま・ここ」で交差したからこそ、かけ代えのない、しかし束の間の「いま・ここ」が現前する。それが「いま・ここ」のコスモロジーである。

コスモロジーと意識の場との関連を説明するために、ここで私自身の個人的経験をとり上げたい。これは以前別の文脈で発表したことがある。(20) 小学校三、四年のころである。とある山中でおびただしいクモが巣を張っているのを見た。まん中には一匹ずつ、黄色と黒の縞《しま》のあるかなり大型のクモがいた。そしてふと、「こいつらこんな所に巣を作って、それでよいのか」と思った。初夏の柔らかい陽が射しており、小鳥の啼《な》き声くらいあったと思うが異様な静けさであった。そのくせ、なじみのあるはずのあたりの景色が妙に押し迫ってくるように感じられた。それが四、五分も続いたろうか。ふと我に返って先に行っていた家族に追いついた。

今から思えば、それは、いまは私が見ている、しかしやがて立ち去る、「お前ら、私に見られなくてもよいのか」という気持ちであった。クモたちが以前からそこに居り、これからも居続けることはわかっていた。しかしそのとき、クモは私に見られることによって存在し、私もクモに見返されることによって存在する、と思いこんでいた節がある。赤ん坊が母親を見、かつ見返されることによって存在感を確かめるように、主体と客体とが一体となったコスモロジーのうちにいたのである。クモ体験はこの自明の世界にひびを入れるものであった。クモは私と無関係にそこにいた。もちろん私を見返すこともない。なじみのある景色まで他者性を露《あらわ》にし、誰にも見返されない私はたった一人、その場に立ちすくんでいたのである。クモとの出会いは、「いま」だけ「ここ」だけの偶然の仮象にすぎない。

おそらくそれが、私における第二の自我の目覚め体験である。「いま・ここ」だけの絶対的な主客合一のコスモロジーに裂け目が生じ、主客の、したがって「いま・ここ」が「いつ・どこ」と分離した相対的なコスモロジーの相《すがた》を垣間見せたのである。サルトルの小説の主人公ロカンタンがマロニエの根っこそのものの突出に嘔吐するのに似た、ある種病的な体験である。意識の場でいえば、AB領域の自明の世界（それがこの場合のクモである）を、C領域以下の背景が今までと異なる色あいで映し返したのである。その変化が何によるものかは微妙である。心身の成熟が関わっているのは疑いない。クモ体験に限っていえば、それは数分でおさまった。その後似たような経験がくり返されるにつれて、はじめの異様な感覚が次第になじみのあるものに変わってゆく。C領域以下のプロセスがAB領域にとり入れられた、と考えてよいのではないか。そういうことで場全体の構造が変わってゆくのである。その限りではAB領域が広がる、といってよいかもしれない。しかし、コスモロジーは本来内なる潜在的背景である。それが外の世界を映し出す。あるいは外界に映し出される。クモ体験はそこに顕在化した相貌《そうぼう》的知覚なのである。

次がパフォーマンスである。意識の場の背景にある潜在的な可能態、私のいう原観念ないしイメージのなかには、体を動かさなければ顕在化しないものがある。たとえば踊りの何たるかを知ろうとすれば踊るよりない。そのとき生じる身体感覚が、踊ることがなければ顕在化しないおのれの可能性を拓《ひら》く。コスモロジーがおのれの歴史性、時間感覚に開かれてゆく背景を用意しているように、である。マレーシアのアモックやバリ島のバロンの踊り[21]などは、興奮して人を殺したり自分を傷つけたりすることが多いらしい。一種の憑依《ひょうい》現象である。北欧の戦士たちが戦いに赴く前、人殺し熊ベルゼルガーに変身するために踊るのと同じである。意識の場の背景にある闘争心を熊のイメージと身体感覚を通して顕在化させる。現代では、ニュージーランドのラグビー選手が試合前に叫ぶウォー・クライがその名残りをとどめている。

ジェームズ[22]によれば、宗教的回心をめぐって信仰者たちはしばしば神の現前を身体感覚として経験し、その感覚が合理的機能を圧倒する確たる信仰心を支えている、という。かなり古いが、オールポート[23]の本に、一人の大学生が棒高跳びのバーを越え大勢の友人が見上げている写真がある。解説によると学生たちは手で棒を握る格好をしたり、体を斜めにしたり、つまり跳び越えている学生の姿勢をまねて、その感じを自分の感覚で確かめているのだ、という。共感のプロセスを説明するための写真であった。逆に、IQ二〇〇の十歳の少年に、胸キュンのあの身体感覚がなければ、成熟した男女が惹《ひ》かれあうという理論的説明は理解できても、恋愛体験の本質は理解を超えたままにとどまる。意識の場のA部分を占めるのはそのつどの外的事物であるが、それを映し返す背景は、成熟とか人生経験に応じて変動するし、豊かな深みを備えたりもするのである。それがホリスティックな共通感覚に潜在的に通底している。

おしまいがシンボリズムである。ここでついユングの元型という概念を使いたくなる。たしかにそれは集合的なコンプレックスであろうけれども、私には個人的な経験が相当関わっているように思える。ユング(24)も、たとえばアニマ元型について、男性のなかの系統発生的な女性像としながらも、母親をはじめとする個人的な女性との全体験が含まれていることも認めている。私の場合は、これが原観念ないしイメージなのであるが、それがC領域（個人的無意識）からのものかD領域（集合的無意識）に由来するものかには頓着《とんちゃく》しない。また、それがもっぱら生物（理）学的な促しとも考えていない。ビルクホイザー＝オエリ(25)が言ったように、赤ちゃんを生んだ母親は、母親になったのではなく母元型に舞台を提供したにすぎない、とはまったく思っていない。ある種の衝動が必然的に湧《わ》き上がってくることはあっても、それを個々の母親が個々の状況でどう具体化するかは、母親次第であろう。愛《め》で慈しむ母元型と貪《むさぼ》り食《く》う母元型の葛藤《かっとう》を、母親たちが無力な傍観者として眺めていることなどありえないからである。

もう一つ、投影の問題がある。たとえば女性クライエントが男性カウンセラーに自分のなかの理想的な男性像を重ねる。いわゆる転移性恋愛の始まりである。しかしなぜそれを転移性といわねばならないのか。ほとんどの恋愛は、今まで未知であった男女の間に生じる。一目惚《ひとめぼ》れということもあるが、通常はまず魅力を感じ接近し働きかけ、相手の反応に応じてさらに働きかけたり、時には諦《あきら》め、しばしばかなりの時間をかけて熟成されていく。だから未知の部分が大きければ大きいほど、過去の異性関係（必ずしも性愛的なものに限られない）に基づいて相手を認知し、それに合った行動をとるのは当たり前である。たまたま相手がカウンセラーであっただけで、通勤途上によく出会ったり、趣味の会で知り合ったりするのとととくに差のあるわけではない。その折、理想的な男性イメージを相手に重ねることも同じであろう。多くの場合、こうした愛のプロセスは中断する。相手が期待通りに反応してくれないとか、物理的に会えなくなったりして、である。幸か不幸か、カウンセラーや医師は、しばしば愛のターゲットになりやすい。

若者が少女を愛する。理想的な少女像（ユング派ならばアニマ元型と呼ぶのであろう）を重ねられた少女は、あらがい難い魅力をもって若者の前に立ち現れる。（苦労の末）幸いに結ばれて数年たち、すでにみずみずしさに衰えのみえる若者は苦々しい思いとともに反省する。「かつて私が彼女の上に見ていたものは何であったのか」と。投影はひき戻されねばならない。それからはじめて真実の人間同士としての二人の関係が始まる。この場合、少女は象徴である。アニマ元型は象徴を通してのみ間接に体験できる。しかしそれは投影であり真の人間関係ではない、としばしばいわれる。

しかし本当にそうなのであろうか。かつて若者の愛したのはその少女ならではの微笑《ほほえ》みであり、その少女にしか感じられぬ柔らかい温もりであった。たとえ内なる促しのごときものがあったにしろ、生身のその少女があればこその顕在化であったはずである。そこに甘美な生きた恋愛体験があったのである。投影とは彼らの、せいぜい二番煎《せん》じの疑似体験ではなく、内と外の出会う、潜在的な可能性の顕在化する、図と背景が調和的に響きあう、たとえ束の間の仮象であろうとも、あるいはだからこそ、かけがえのない、存在の最高の瞬間ではないのか、と思いたい。

さらに、先のビルクホイザー＝オエリのとり上げる母親についていえば、母元型は何に投影されているのか。まさか赤ん坊にとはいえないとすれば、母元型にとりつかれているのである。これはしかし、パフォーマンスを通して可能性を生きる、たとえば神の現前をありありと感じて狂喜する信仰者の喜びになぞらえることもできるのではないか。そして自分がこの赤ん坊の母であるという意識的枠組みがあってこそ、母元型の促しのままに自らを安心して差し出すことができるのではないか、と思う。

以上、コスモロジー、パフォーマンス、シンボリズムが、意識の場の背景の部分がどのように顕在化していくかのプロセスに光を当てているように思えた。共通感覚の底にある流れのごときもの、と考えてもよい。これで多くの人の考えに負いながら、私なりの臨床の実感を踏まえての、「意識の場」について一応の説明を終えたつもりである。

次章とその次の二章では、カウンセラーでないとできない、しかしクライエントにとっては不可欠のサービスについて、私見を述べる。

第七章

カウンセラーは何をするのか

第一節　カウンセリングは応用心理学の一部門なのか

第四章で、カウンセラーの仕事が親をも含めて他の援助職とどう違うのか、について考察した。本章と次章ではそれを踏まえて、それではカウンセラーでないとできない、しかしクライエントにとって不可欠のサービスとは何か、について考えることにする。もとより一人の心理臨床家の特異的な経験に基づいているから、かなり偏ったところのあるのは承知している。しかし普遍的なものは特異なものを通して顕《あらわ》れる、というのが本書の立場なのだから、あえて書いておきたい。

私が心理学科を出ていないことは、第一章に書いた。それが長い間のコンプレックスであった。とくに数理統計に疎いことが、その手の論文を理解する大きい妨げとなった。そうした弱点は、今に至っても克服されていない。また第二章でカウンセリングと精神療法の差に触れて、病理水準の重い患者に対する医師の経験の豊かさに圧倒されると述べたのは、カウンセラーとしての素直な気持ちであった。だから研究者としても実践家としても至らぬ所を多分に残しながら、それでも一かどの心理臨床家面《づら》を許されているのはなぜなのかが、長い間心の隅にわだかまっていた。

一つの理由は、私が専門家らしい系統的訓練を受けていない素人カウンセラー出身であること、である。しかしわが国のカウンセリングの草創期、全員が素人として出発したことはすでに述べた。今にして思えば、それには私個人の事情を越えたそれなりの必然性があったのである。とくにオウム真理教に、たぶん日本最高の教育を受けた若者たちが、なぜあそこまで真剣にのめりこんでいったのかが長い間わからなかった。しかし島薗（1）によれば、彼のいう新々宗教、新精神《スピリチュアリティ》運動のうねりが世界的に高まっていたのである。わが国における自己啓発セミナーやカウンセリングの隆盛は、どうやらそういううねりの一つであるらしい。

　その際の特徴の一つが素人性ないしは心の問題の大衆化ともいうべき現象なのである。私自身としては、昨今喧《かまびす》しいエビデンスかナラティヴかの論争も、どちらかといえばエビデンスが優勢で、ナラティヴに拠《よ》る人たちはロマンの残党か、といった気分であった。しかし島薗（2）によれば、滔々《とうとう》たるエビデンスの流れにあきたらぬ人たちが大衆レベルで自分たちに内在するホリスティックな宗教性に気づいたこと、しかも既成の宗教集団によってその気持ちが満たされていないことが背景にあるという。そういう人々の心を捕らえたのが新宗教ないし新々宗教なのである。だからオウムも、そうした世界的な動きとわが国の新宗教の伝統を踏まえ、殺人者集団としての一面は許しがたいにしても、教義にしろ儀式にしろその性格は必ずしも突飛なものとはいえないというのである。

　先にジェームズの『宗教的経験の諸相』（3）から引用した。これは一九〇一、二年のギフォード講義を本にしたものである。まったくの個人的印象であるが、これと同じ内容をいま講義しても当時の熱狂を期待するのは無理ではないか。この本は当時の最高のインテリ、ある意味でキリスト教、それもプロテスタンティズムの信仰告白の趣きをもつ。そして多くの回心体験者の手記を集めて、これほど多くの人が、ほとんど同じ体験をしていることがそうした体験の本物性を実証している、とためらいなく主張している。あるいはそうかもしれない。しかしそのころ、洗脳のテクニック（オウムが駆使した）はまだ知られていなかった。ジェームズ自身うつ状態の体験者であり、その体験が、生まれながらの信仰者ではなく、二度生まれの信仰者（悩みを超えて信仰に達した者）という卓抜な着想をもたらしたと思われる。しかし今日ならば、うつ病からの回復であり、認知行動療法の対象になるかもしれない。臨死体験者の死後体験が驚くほど類似しているから（4）といって、必ずしも死後の世界があると信じられていないように、である。(5) ジェームズ自身、信仰者をキリスト教に限らず、仏教、イスラム教、ヒンドゥー教の信者などにも広げているが、いずれにしろ百年前の宗教事情が現代と大きく隔たっていたのは確かのようである。ただし現代と同じく、多くの宗教的なヒーラーの活躍したことにかなりのページが割かれてもいる。

私が注目したいのは、この宗教的ヒーラーたちである。その後の百年で、洋の東西を問わず既成の宗教が次第に影響力を失うにつれて、新宗教ないし新々宗教がぞくぞく誕生した。とくに第二次大戦後である。いわゆる先進国で衣食住にこと欠くことがほとんどなくなってきたことに対応している。アメリカでロールシャッハテストが非科学的であるとして凋落《ちょうらく》し始め、星占いが圧倒的な広がりを見せるようになったのと、時を同じくしている。それらが、あえてたましいとはいわぬまでも「心を癒す」動き、と連動しているのである。わが国のカウンセリングブームが、そのような流れと無縁でないことは心得ておかねばならない。現に自己啓発セミナーで使われるテクニックが、多くエサレン研究所で開発されたものであり（それらはかつてロジャーズの紹介者として知られた伊東博の著書(6)に詳しい）、そのなかには、本書の読者にはおなじみのエンカウンター・グループに近いものが少なくない。いわゆる霊能者の出演するテレビ番組の視聴率はかなり高いと聞くし、いかがわしいのも本物らしいのも入りまじっているのは、諸外国も同じようである。

それらの影響が当然カウンセリングの世界にも及んでいる。一般の人たちのカウンセラーへの期待にも、ヒーラーへのそれと変わらないところがある。あるいは、カウンセラーは一体何をしてくれるのかよくわからない、とヒーラーたちと比べたうえでの批判もある。いまカウンセリングブームは終わったのか、これからふたたび盛り上がるのか、微妙な段階だと思う。だからこそ、われわれはいま専門家としての実力を高めなければならない。ヘマをすると、いかがわしいヒーラーたちと同列、あるいはそれ以下の存在として位置づけられかねないからである。心理臨床家の現状については第二章で述べた。認定協会による臨床心理士は毎年約千人ずつ増えてゆく。ここでわれわれの心理臨床家としてのアイデンティティを明確にしなければ、より大きい（と思われる）スピリチュアリティ運動のうねりに呑《の》みこまれて独自の存在意味が失われるのではないか、と怖れている。

私自身についていえば、ここ四十年来教職のかたわらひたすら実践に努めてきた。「臨床心理学の教員は、少なくとも週十五人くらいのクライエントに会わねばならない」という、ひそかに師匠と目している人のことばを忠実に守ってきたからである。ただし素人出身の負い目をずっと引きずってきた。にもかかわらず、これだけ長くやっていると、まだまだ前途はほど遠い（それだけ進歩向上の余地が大きい）とは思いながら、ある程度はお役に立てたかと思えるクライエントも何人かは居られる。本節の初めに述べたように、私自身、正規の心理学教育は受けていない。医師としての「精神療法」の訓練も、である。いろいろ個人的には勉強したり研修会に出たりもしたが、それをもって専門的教育ないし訓練とはとてもいえない。それでいてこんな本を書いているのは、一つには本節に書いた新精神運動《スピリチュアルムーヴメント》の波に乗ったのと、心について考える場合、旧来の心理学とは少し違う、臨床人間学とでもいうべき立場があるからではないか、と思い始めているからである。

はからずも近ごろ、臨床心理学に対して心理臨床学ということばを使う人が増えてきている。それがどう違うのか、かつあえて使い分けねばならぬ必然性があるのか、といった疑問はさておいて、カウンセリングを考える場合、従来の臨床心理学の枠組みでは捉《とら》えきれない、心についての新しい側面が開かれてきているのではないか、とは思う。それがたとえば、臨床心理行為とは何か、という第二章でとり上げた問いかけにつながっている。医行為とどう違うのか、というだけではない。カウンセリングを臨床心理学の枠に組みこんだ場合、それが自動的に応用心理学の一部門といえるのか、という疑問である。

応用心理学とは、心理学の基礎知識を応用して、いろいろな分野に役立てようとする試みと理解する。わが国の心理臨床の領域でいえば成瀬悟策の臨床動作法、医師であるが山上敏子の行動療法、まだ輸入臨床心理学の感が強いが認知行動療法や家族療法などがあげられよう。それらの優れた技法を駆使できるためには、おそらく基礎心理学についての系統立った知識ないし技法を身につけなければならない。カウンセラーとしての私のコンプレックスのほとんどが、そこに発していたことは疑いない。

しかし近ごろ、必ずしもそうとはいえないのではないか、という気がしてきた。少なくとも私の目ざしている臨床心理行為は、医学的精神療法とも基礎心理学に基づく心理療法、両方をひっくるめて自然科学的心理療法ではない、あえていえば人文科学的心理療法なのである。したがってその基礎理論は、文学や芸術、哲学、宗教学、文化人類学、社会学など、いわゆる人文系諸科学のものなのである。漱石が、人間の心について知ろうとして、そのころの心理学のテキストを読んでいたく失望した、という話を聞いたことがある。万巻の心理学書も一冊のシェークスピアに如《し》かず、ということであったらしい。少なくとも私の場合、実際にクライエントに会って支えになっているのは、私なりのささやかな人文科学的教養であって、有用であるとわかっていても自然科学的な知識、だけではない。若干の気恥ずかしさを抑えていえば、私自身の私理解をこえてクライエントを理解することはできない、と考えている。そして私を理解する場合、数量的なデータはほとんど便宜的なもので、本質的な私理解に直接つながっているとは思えない。また、少なくとも私の知っている精神療法家（ほとんどが医師である）は、その限り豊かな人文科学的教養の持ち主が非常に多い。私の定義では、優れた心理臨床家なのである。

というようなことを前置きにして、本章と次章とで、カウンセラーはクライエントに何をしようとしているのかについて、私なりの考えを述べることにする。理論的には第五章、第六章の「意識の場」理論に拠《よ》っている。よくいえばユニーク、悪くいえば独りよがりの考え方である。しかし何がしかの真実は含まれているはずである。もちろん人文科学的アプローチが自然科学的アプローチと相反的と考えているわけではない。両者の協同作業を確かめるため、あえてまず相異点を強調したにすぎない。

第二節　感情機能の回復

ここから現時点で私の考えている、人文科学系の心理解に拠《よ》る、「カウンセラーは何をするのか」論に入る。第四章で、カウンセラーと他の援助職との違いについて述べた。同時に本物性《オーセンティシティ》ということでそれらは共通しており、それは他職種との相異点を押さえてはじめて可能になること、を強調した。誰に対しても同じ人間としてというのは、本物性についていわれることであり、そのためには一人ひとりの相手との、それぞれによって異なる特異的な役割関係を踏まえなければならないのである。そのうえで、カウンセラーでないとできない、クライエントには不可欠のサービスは何かと問われれば、私は今のところ、クライエントの感情機能を回復させることだ、と答えたく思っている。

そこでまず感情についての本書の定義を述べておく。これはユングの意識の四機能説に基づいているが、彼の考えをそのままひきついでいるわけではない。私なりの臨床経験に基づく修正が加えられている。感情とは主体が客体を主体との関わりで認知（もっとも広い意味で）するときに生ずる意識のプロセス、というのが本書の定義である。ここで認知と意識には同義反復のきらいがある。ただし本書では意識をもっとも広い概念とし、認知、認識、知覚（識閾《いき》下も含む）、知る、わかる、感じるなどを、一方で限りなく言語レベルに近く、他方限りなく身体プロセスに近い意識のスペクトルに含まれると考えているので、以上のような同義反復的なあいまいさは避けることができない。なお定義にいう主体ということばも、意識の場全体を意味しており、いわゆる自己概念としてかなり明確に意識されている部分と、潜在的な可能態としての全体的な背景とからなっている（図3参照）。静的には自分、自我、自己、私などにまつわる未分化でホリスティックなコンプレックスが中心である。

感情機能は、ユングによれば思考機能とともに合理的機能ということになる。前章の図3では、意識の場を静的な構造として、自我コンプレックスを中心とするいくつかの同心円で示した。外界の事物（内的刺激も含む、意識の対象としての客体）は、自我との関わりに応じてその重要度が判断される。感情機能が合理的機能とされるゆえんである。その限り、意味とか価値とかはすべて自我に関わる。だから同じ物でも、人によって、かつ同一人でも場合によって、異なった意味をもつ。砂漠での一杯の水は、時に大粒のダイヤモンドよりも高い価値をもつ。だから感情機能による判断は、つねに主観的なのである。

それに対して思考機能は同じく合理的機能であるが、対象を判断するに当たって主体との関わりをできるだけ排除しようとする。それだけ客観的である。ユングはその点をとり上げ、感情機能と思考機能の相反性を説いているが、後に述べるように、両機能にはむしろ相補的なつながりがあり、私自身はそれを、「感ずるためには知らねばならない」として考えている。これについては次節で詳しく検討する。

次に感覚機能は直観機能とともに、感情機能も含めて受動的機能として考えられている。それに対して思考機能は能動的である。受動的とは、気がついたときはもう感じ（させられ）ていることをいう。感情機能についていえば、喜びにしろ怒りにしろ、自然に生じてくるものであり、意図的に操作することはできない。われわれにできるのは、こみ上げてきた感情を受けとめて、そこでどうあるべきか、たとえばそのまま短絡的に出してしまうのか素知らぬ顔で抑えこむか、だけである。

感覚機能の場合は、共通感覚として意識の場全体の潜在的感覚をさす場合があるのだが、通常は生物学的感覚器官を通して受け入れた刺激に対する反応で、直観機能とともにユングによれば非合理的機能とされる。意識の場にはさまざまな原観念ないしイメージが、未分化なままに多重多層的に作用しあいながら一つの全体を形作っている。そこで感情が機能するのは、刺激が自我コンプレックスに映し出された場合と考えることができる。刺激はそこでコンプレックス内にいわば定位される。求心的なのである。それが感情の判断機能である。しかしここまでのプロセスを意識的とするかどうかは微妙である。ただその結果生じる感情は明らかに意識的プロセスであり、もっぱら受動的であることはすでに述べた。感覚機能は、刺激が身体の原観念ないしイメージ、すなわち身体コンプレックスに映し出された場合に顕在化する働きである。身体プロセス全体に広がる遠心的な、もっぱら受動的な機能である。イヌを見るときはイヌの原観念ないしイメージが、ネコを見るときはネコのそれが顕在化するように、感情なり感覚が顕在化するのは、それぞれ自我コンプレックスないし身体コンプレックスに映し出される、とするのである。ここでいうコンプレックスは、いわゆる個人的コンプレックスに限定されるものではなく、忘れられた記憶やいわゆる元型や身体プロセスなど、意識の場全体をその各部分として構成しながら、相互に浸透しかつ同時並行的に場全体に瀰漫《びまん》していても いる。

感情機能は自我コンプレックスを背景とする働きであるから、自我成立以後の意識機能である。それに対して、感覚機能は自我成立以前の機能であるから動物の場合に似ている。おそらく動物に自我意識はない。だから動物に感情はないのか、という難しい問題が生じるが、ここでは問わない。また意識の機能という以上、意識とは潜在的な心（＝主体）が客体と出会うときに生じるプロセス、という本書の定義にしたがえば感覚機能も主客の分離を前提とすることになるが、これを結びつきとするか分離とするかはことば遊びに堕する怖れがあり、それについても考えることはしない。ここで直観機能を共通感覚コンプレックス、意識の場全体、に映し出されることによって顕在化する働きとすれば、感覚的機能よりさらに受動的なものとして理解できる。

それに対して、思考機能は多かれ少なかれ概念化抽象化機能である。一種の分類機能だから、経験を対象化してしまう。経験とは、心が外界の対象と出会うとき生ずる現象ないしプロセス、というのが本書の定義である。それは主客の合体する束の間の仮象、意識の場における図である。それが背景に映し出されて新しい図となる。そうした「いま・ここ」の果てしない束の間のプロセスが意識の流れということである。思考機能はこうした主客合体した未分化で捉《とら》えがたい全体的な流れをいわば停止させて主客を分離し、客体を文字通り客体化＝恒常化させる。それによって「いま」が「いつ」か、「ここ」が「どこ」かが明らかとなり、「いま・ここ」でいかにあるべきかの方向性が見えてくる。しかしそれは生きた経験を分割しカテゴリー化ないし間接化する作業であり、多かれ少なかれ生きたプロセスのスムーズな流れを疎外する作用がある。

以上の考えは、かりにユングの意識の四機能説を受け入れたうえでのことである。しかしそれらの働きをひっくるめて、前章の第六節に述べた共通感覚の問題がある。つまり、四機能説は極めて示唆的な考え方であるのだが、それらが別々の機能としてバラバラに働いているかのような印象を与えやすい。もっともユングは意識無意識の相補説を唱えているから、相反的、バラバラに働く意識に対して、全体的な無意識との相互作用、あえていえば自我と自己との軸のごときものを考えているから、それが共通感覚と多少とも重なっている、とはいえるかもしれない。ユングの四機能説を大筋において認めながら、湯浅[7]が、四つの心理的機能（意識の機能ではない）を感覚を主機能とする図にまとめ、感覚からすると反対機能である直観機能との相補的な関わりについて説明しているのは参考になる。

まだまだ仮説の域をでないが、意識化のプロセスとして感覚－感情－直観－思考の流れを考えている。これはロールシャッハテストにおける反応形成のプロセスを長い間考えていて、思いついたものである。周知のようにこのテストでは、漠然とした十枚の図形を示して何に見えるかを尋ねる。被験者の目には、おそらく図形のもつ形、色、陰影などのすべての刺激が共通感覚的に未分化な全体像として飛びこんでくる。これが同じく未分化な共通感情（私の造語である）をひき起こす。ムード的な全体感情である。意識の場でいえばそれらが背景に布置される。これを意識というか無意識とみるかは、くり返し述べたように定義の問題である。私自身はほとんど無意識に近いプロセスと考えている。いずれにしろここで背景にある種の準備状態《レディネス》ができ上がる。それに応じて直感的な閃《ひらめ》きのごとく背景からイメージが浮かび上がる。ここからがどちらかといえば意識的プロセスに入る。浮かんだイメージと図版との似ているところ似ていないところの照合が始まるのである。似ていない所があっても無視してよいか、反応とするには似なさすぎているかどうか、などについてである。これを思考プロセスと考えてよいと思う。その間、共通感覚、共通感情は背景で作用し続けている。

これらの反応は、もちろん特異な実験的状況での反応である。しかし私は、われわれの日常の知覚のプロセスと本質的に変わらないのではないか、と思っている。感覚機能が主客合体の自然なないまある身体プロセスに親和的であり、思考機能が主客分離の意志的なあるべき状態を志向しているとすれば、感情機能には両者をつなぐ働きがあるのではないか。とすれば、第一章で述べたコムニタスと構造の解離をつなぐために、感情機能の活性化が大いに役立つことが期待できる。私がカウンセラーの独自の仕事として感情機能の回復をあげるのはそのためである。それによって、クライエントの主体性、全体性、間接性の回復を目ざすことができるのではないか、と考えるからである。

第三節　主体性　意識の場の新しい図式化

前節では、ユングの意識の四機能説を私の意識の場理論に重ねて考えてみた。本節では感情機能について考えるのであるが、それを意識の場の、いままで多重多層的な相互作用としてしか言ってこなかったところを、もう少しわかりやすく（実は一層こんがらがってくるかもしれないのだが）、図式化することを試みたい。

感情機能は刺激が主体（＝心、自我、自己、自分、私など）と出会うときに顕在化することを述べてきた。そして本書では、それを図2、図3におけるＡＢ（それぞれ図と無意識、自我と非自我）領域として示してある。ここで自我とは他（非自己）ならぬこの自分という意味であり、背景に非自我領域を含んでいる。逆に非自我も、自我でないということだから自我あっての非自我である。だからこれは便宜上二つの領域に分けられているけれども、実は一つの全体であり、未分化ながらホリスティックなまとまりのある、いわば自我コンプレックスともいうべき「場」なのである。個々の刺激（この言い方にも問題がある。われわれが瞬間瞬間にうけとめる刺激はほとんど無数なのだから。そこで選択的非注意のメカニズムが働き、重要度に応じて注意の配分が決められる。重要度の基準が自我との関係であることは、すでに第五章で述べた）が背景に映し出されるというのは、自我という背景に非自我という背景の重なった二重の層なのである。

こういった多層性が、ＡＢ間だけでなく、ＣＤＥにいたるまで、各領域ごとにすべて当てはまる。だから背景に映し出すとは、意識の場のすべての領域が、たとえば一枚ずつの色の異なる透明な薄紙で、それが全部重なって対象を映し出すのである。ここまで書いてきて、意識の場のプロセスを、図2、図3だけで示すのは無理な感じがしてきた。そこで二つを合成して図4を作った。これで十分とは思っていないが、静的には意識の場の全体で自我コンプレックスの構造を示すと同時に、動的には場における図としての極小の焦点と背景としての全体との関わりを説明するためである。視覚的に少しでもわかりやすく示せたらと思っての、現時点での工夫である。それが円錐形のイメージとして描かれた図2、図3と異なり、図4では薄紙の重なった円筒形として示されている。

だから図2、図3で○印で示されたFGH（忘れられた記憶、コンプレックス、元型）は、それぞれの領域内の独立した領域というよりは、その一つひとつが重なりあう薄紙であり、部分でありながら領域全体に広がっているのである。そこであらゆる刺激はそのつどつねに意識の場全体に映し出されることになる。前節のロールシャッハテストにおける反応生成のプロセスをそのまま意識の場における意

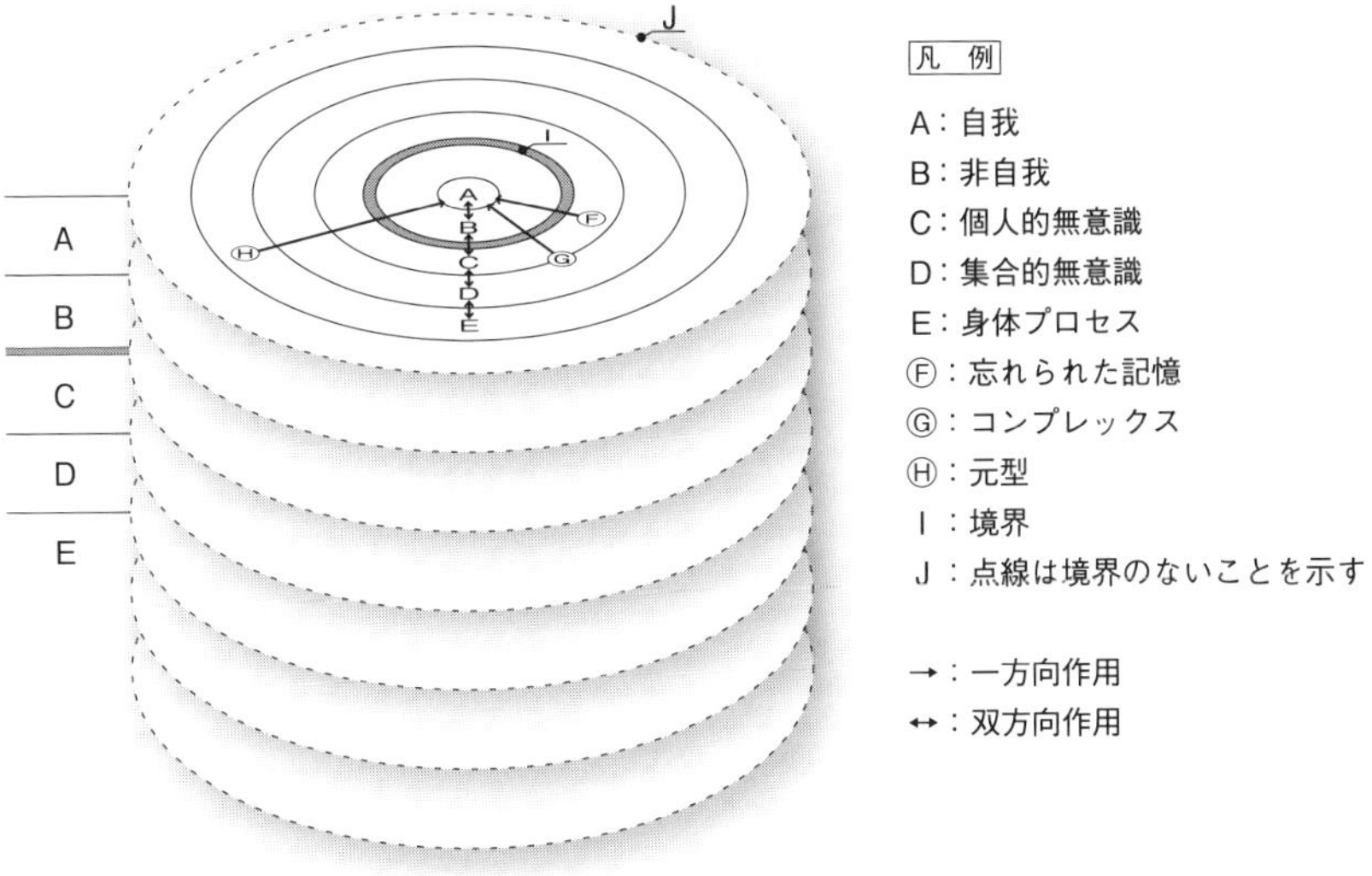

図4　意識の場：2008年版

識化のプロセスと考えうるならば、共通感覚は場全体による未分化な全体感覚、共通感情はそれによってもたらされるムード的な全体感情であり、どちらかといえば無意識に近いプロセスである。直観段階は何層にも重なった背景に意識の層が浮かび上がるとき、刺激が未知の領域を背景に既知の領域に図として映し出される瞬間、たとえばイヌをイヌと見分けたそのとき意識されるものといえよう。思考はそれに続く吟味の段階である。

そこで図4の説明を兼ねて、いくつかの具体的な例をあげる。これらは以前別の機会にとり上げたものであるが、あらためて意識の場との関連で考えたい。

たとえば大掃除で納屋か押し入れの隅から、大事にしまった古いパイプが出てきたとする。「誰だ、こんなガラクタしまいこんだのは」とどなると、母親が「お前たちの亡くなったお父さんが若いとき愛用していたパイプなので捨てきれなかった」と説明してくれた。とたんに何ともいえぬ懐かしさがこみ上げてきて、吸い口についた歯型までいとおしく見えてくるとしよう。この場合、まず古パイプが目に入ってきたわけである。これはAB領域のプロセスである。ある程度わかった世界にとびこんできた刺激を意識する段階といえる。プロセスとしての意識の場を考える場合、表層にあるのは意識・前意識を含めた既知の世界、つまりAB領域である。重要なことは、にもかかわらず、そのAB領域は、つねに背景としてC以下の領域に映し出されており、AB領域だけで完結していないことである。

ロールシャッハテストの場合は刺激があいまいな、何にでも見える、あるいは何にも見えないものであるが、この場合パイプは既知のものとしてはっきりしているので、全体感覚、全体感情のプロセスはほとんどあるいはまったく意識されていない。しかしパイプ・コンプレックスともいうべき、明確な部分とあいまいな部分からなる背景をもっている。ただしとりあえずは古い、安物、つまりガラクタとしてコンプレックス内に定位される。それから、それにしては丁寧にしまいこまれすぎている、という違和感が生じる。それが「誰だ、こんな物を」という軽い怒りの感情を誘発する。しかし「死んだお父さんの」という母親の説明は、今まで浮かんでこなかった背景の、図4でいえば比較的底の方にある父親コンプレックスの薄紙を浮かび上がらせる。布置するといってもよい。

布置とはユング派の用語であるが、意図的に何かをするのではなく、周囲と自分との間におのずから展開する意味のある状況のことである。もちろん父親コンプレックスは自我コンプレックスの一部なのであるが、平面的なその広がりの一部を占めているのではなく、自我コンプレックスを形作っている何枚も（ほとんど無数）の薄紙の一枚としてである。平面的にいえば自我コンプレックスと同じく意識の場全体を蔽《おお》っている。

ここで父親コンプレックスとは、生死にかかわらず実際の父親に関わる、意識的無意識的なあらゆる思いを含んでいる。それぞれが一枚の薄紙として場全体の広がりと同時に、重層的な立体的な奥行きをもち、それなりの全体として背景を形作っている。その背景にあらためてパイプが映し出される。そして父親コンプレックスの彩りに応じて、さまざまな感情が生じる。父親コンプレックスは自我コンプレックスと重なる所が多く、もはや単なるガラクタとして片づけることができなくなっている。そこから、オーバーにいえば万感こもごもの情感が意識されてくるのである。ここで見逃してならないのは、だからといってAB領域に映し出されたガラクタ意識が消滅したわけではないことである。薄紙は多重多層である。ごくかすかにではあっても、E領域すなわち身体プロセス・コンプレックスが、何枚ともしれぬ薄紙を透して、パイプを映している可能性すらないとはいえない。

もう一つの例をあげる。祖母から母、母から娘に伝えられた指輪は娘にとって何物にも代えがたい。三代の女の喜びと悲しみがこもっているからである。自分に娘ができればその娘にも伝えたいとさえ思っている、としよう。今まで、感じるためには知らねばならない、と述べてきた。この指輪の場合、それが三代の女をつなぐものという認知が娘にはある。その指輪が目に触れる、つまり意識の場の図の部分（位置上A領域になる。図2では束の間の仮象、図3では自我領域となり、かなり意味が違っている）にくると、背景が一種の準備状態となる。つまり指輪にまつわるあらゆる思いが布置されるのである。それが指輪を映し出す。そこで指輪が違った相を顕《あらわ》す。しかしそれもまた束の間の仮象である。ただそれが意識の場の図として背景を変え、そこに映った図（指輪）はさらに新しい相を顕《あらわ》す。このプロセスが意識化のプロセスである。娘の指輪への思い（コンプレックス）を、意識の場によって説明すると、おおよそ以上のようになる。

しかし指輪コンプレックスは指輪だけにとどまらない。それが自我コンプレックスを背景としているからである。図3に示したように、意識の場を静態として示すと、自我意識が中心とならざるをえない。自我との関わりの深浅によって、中心との距離が決められる。非自我とされるものも、自我ではないということでやはり自我との距離の遠さを表しているのである。自我は意識の中心である。しかし本書でしばしば自我コンプレックスというように、それは大きい広がりと深い奥行きをもつ。図3はそれが平面として表されており、広がりはわかる。奥行きの方は図2が表しているが、もともと動態を説明するためのものであり、静態とはどうしてもくい違う。そもそもA領域は領域ではない。意識の焦点であり束の間の仮象である。それに奥行きと広がりを与えるのが背景なのである。しかし背景の多層多重的な相互作用を説明するには図2では不十分であり、やむなく図4を工夫したことはすでに述べた。

問題は、静態としての図3では中心にある自我が、動態としての意識の場の焦点とはいえないことである。ここで肝心の役割を担うのが、外的対象を映し出すだけの広がりと奥行きをもつ背景だからである。しかし第六章で述べたように、それは潜在的な可能態であり、外的事物と出会わぬ限り顕在化しない。図3の問題点は、本来潜在的な自我コンプレックスを図として示しているところにある。図2のA領域も、そもそもは面積のない「点」を図示するために「領域」として示さざるをえなかった矛盾がある。「外界の刺激が心(意識の場)に出会う」という表現も、「映し出す」の方が適切である。図4はまだまだ不十分とはいえ、そういった図2、図3の不備を補うためのものである。

ただし、いまここでとり上げたいのは、もろもろの外的刺激を映し出す主体が、潜在的背景であることである。第五章では、外界と出会わない限り潜在的な、しかし広がりと奥行きをもつホリスティックな可能態を、心、主体、自我、自己などとほとんど同義であることを述べた。そのつどの束の間の意識は仮象であり、それに恒常性、一貫性、それに伴う現実感や自分感を付与するのが、こうした背景なのである。心とか自分とか主体を言語化しにくいのは、それが本来潜在的なものであり、顕在化した相《すがた》はすべてその時その場に限定された一つの顕《あらわ》れにすぎないからである。

ところで本節では二つの例をあげた。一つは亡くなった父親のパイプ、もう一つは祖母から伝えられた指輪である。そしてそれらが自我コンプレックスに映し出される程度に応じて、当事者の感情機能の触発されることを述べた。しかしそれは、あえていえばパイプ・コンプレックス、指輪コンプレックス、次いで父親コンプレックス、母親コンプレックスといったもろもろの背景が重なりあった多重多層的背景全体に映し出されるのであって、単層的背景がそのつど交代するわけではない。ここでパイプ・コンプレックスとか指輪コンプレックスといったのは、パイプなり指輪についての想念の塊である。意識の場でいえば、AB領域、一応既知のものにまつわるものである。父親コンプレックス、母親コンプレックスにはB領域にある既知のものが主であるが、C領域、つまり忘れられた記憶や抑圧されたもの、さらにはD領域のものも含めてよいかもしれない。ある種の刺激は背景にある種の準備状態を促すし、そこに映った仮象が新しい刺激として背景を動かし、そこに映し出された新しい仮象が背景に対するさらに新しい刺激となり、といったプロセスが展開する。その場合に中心的な役割を果たすのが、おそらくはもっとも広い意味での自己概念ないしは自我コンプレックス、つまり主体感ないし自己感というのが、「意識の場」理論、したがって本書の基本的仮説である。

本節のはじめに、感情機能は刺激を自分との関わりでうけとめたときに顕在化する意識の働き、と述べた。それに対して思考機能は、刺激をできるだけ自分と切り離してうけとめようとする働きである。それだけ客観的といえる。現在、客観的ありように固執して、主観的《サブジエクテイヴ》(ヨーロッパ語では主体的という意味が強い)なあり方が抑えこまれすぎている。感情機能の回復は、その意味で主体性を甦《よみがえ》らせることなのである。感情に流されて主体性を失うことはしばしばある。しかしそれは、心の全体性が損なわれているからである。感情機能の回復は心の全体性を甦《よみがえ》らせる。次節ではそれについて考える。

第四節　全体性

サン=テグジュペリの『星の王子さま』(8)に、「バラはバラでも自分が水をかけたバラは別物だ」というせりふがある。これは、自分が手間ひまかけて咲かせたバラは、一般にバラを評価する場合の基準では評価できない、ということである。くすんだ色の小さな花びらの縮れているのがかえっていじらしい。この場合、色鮮やかで香り高い大輪のバラの美しさ、したがって自分のバラの美しくなさ、が見えなくなるわけではない。意識の場でいえば、AB領域における既知のバラ・コンプレックス（ふたたびいえば、個人的無意識とか集合的無意識の関わっていない、バラについての、ユング派のいう集合的意識からなるコンプレックスである）はそのまま残っている。それに自我コンプレックスの層（前節のことばでは背景にある薄紙の一つ）が重なるのである。するとそれは、この私との関わりをもつこのバラとなる。そして苗から育てた思い出の日々が甦《よみがえ》る。必ずしも愛《め》で慈しむばかりではなかった。時には棘《とげ》に刺され、根こぎにしたくなるほど腹が立ったり、虫にやられ枯れそうになって必死に手当てしたことなど、バラとの関わりで開かれたおのれの可能性が再び甦《よみがえ》るのである。

　だから眺めているのは「いま・ここ」のこのバラであるが、そこで触発されている思い（顕在化した感情機能）には、バラと自分との歴史の全部がこもっている。その思いがさらに新しい思いをかき立て、図2でいえば深まり、図3でいえば広がってきりがない。思いをこらすことがなければ思いもかけない思いに開かれる。しかしそのことは、実はバラを通してはじめて顕在化するおのれの可能性に開かれることなのである。

　ある若い父親は、誕生日に小さい二人の子どもからビールをプレゼントされた。そして「こんなうまいビール飲んだことない」と言って相好《そうごう》を崩した。しかしそれは、ふだん飲んでいるのと同じ銘柄のビールであった。このとき、父親の思っていたことは、子どもたちがよくぞここまで育ってくれた、という思いである。いろいろあった。それがとにかく誕生日に自分を思いやってくれるまでになった。こうなるきっかけとなった妻との出会いのことまで思い出される。これからこの子どもたちがどうなっていくのか。そして自分たちも。しかしいまわれわれは団欒《だんらん》の時をもち、家族一同安らいでいる。それは、日々ルーティンワークに追われ、ついせせこましい現実世界に閉じこもりがちなおのれの可能性が、一本のビールを介して存在の全体性に開かれる瞬間なのである。

ハヤカワという言語学者が、ことばの効用について述べている[9]。たとえば生まれたときから育て上げた仔《こ》牛は、状況次第でペット、家族、労働力、財産、食料として分類される。そしてその分類の一つひとつにそれぞれの背景がある。そしてその背景に他のカテゴリーに分類された場合の意味が含まれている。だからおのれの生命を養うために家族を食べることがありうるのである。ハヤカワの分類は意識の場でいえば、AB領域、既知の領域内にある諸物の分類である。分類とは、違う物同士の間の共通点だけをとりあげてグループ分けする作業だから、それだけで対象のすべてを示すものではない。しかし現実適応には欠くことのできぬ手続きではある。

オーストラリアでは、ヘビを見ればまず毒蛇かそうでないかを見分けることが第一、と聞いたことがある。人を見れば敵か味方かの見分けが優先する状況は決して少なくない。そのためには、他のカテゴリーによる分類はしばしば犠牲にされねばならない。そのため対象に対する経験のプロセスないし広がりがしばしば断ち切られる。

意識の場の全領域が意識化されることはない。意識化とはそもそも客体化なのだから、主体の成立なしにはありえない。ただし客体化とは間接化に他ならないから、生命《いのち》のプロセスそのものからは切り離されざるをえない。動物にはおそらく主体意識はない。主体意識とは主体が主体自身を客体化することである。しかも主体は何度もくり返し述べてきたように、潜在的な可能態である。そのつどの客体と出会うことによってしか顕在化（＝意識化）されない。しかし可能態ということは、ある種の準備状態《レディネス》であることを意味する。ハヤカワのカテゴリーは、すべて意識的なものであるが、場全体の準備状態にある方向性を与えるのに役立つ。

生命のプロセスとは「いま・ここ」の流れであろう。「いま」が「いつ」か、「ここ」が「どこ」かを確かめるのは意識化＝間接化であり、流れは停止させられ断片化される。その代わり「いま・ここ」で何をなすべきかの方向性が見えてくる。動物の場合は「いま・ここ」の流れがあるだけで、「いつ」「どこ」の感覚はおそらくない。したがって人間のように「いま・ここ」を時間的空間的に定位することができない。主客が分離していないからである。ただし生物学的な本能的メカニズムによる方向性は与えられている。人間の場合、内臓器官の働きがほとんど自律的でありながら、合目的的に機能しているように、である。その方向性は、人間の意識的方向性よりもはるかに適応的であることが多い。

人間の場合でも、空腹であるとか思春期だとか危険な状況にあるときには、食物コンプレックス、異性コンプレックス、危険コンプレックスが布置されて、それらに対する準備性がおのずから用意される。これを意識的とするか無意識的とするかは、何度も述べたように定義の問題である。われわれにできることは、意識的に定位された「いま・ここ」においてそのような生命プロセス的な「いま・ここ」をいかに生きるか、ということなのであろう。両者にくい違いの生じるとき、意識の場の相互作用が多かれ少なかれ停滞する。意識の機能とは、そのような自然の生命プロセスをいかに調節するかということで発達してきたメカニズムと考えられる。発情期のアメリカの雄鹿が汽車に突進して命を失うような愚を避けるためにである。その意味でハヤカワのカテゴリーは現実適応時には有効な場合が多いが、仔《こ》牛の例で指摘したように、時に「家族を食糧として食べる」ような葛藤《かっとう》を生むことがある。

ユーラシアおよびアメリカ大陸北部に見られるクマ祭りは、もともとは狩猟祈願の儀礼であった。しかし、岡[10]によれば、祭りを行う部族のなかにはクマを祖父、祖母などと呼ぶ人たちがいる。山の神、神の遣わした贈りものといった考え方もある。するとこの祭りには若干祖霊を祭る意味があるかもしれない。この場合、クマはフロイト[11]のいうトーテム動物になる。それを屠《ほふ》って共同体の全員が共食する。これは祖霊の肉と血をとり入れることによって、彼らとの失われたつながりを新たにする意味を担う。キリスト教の儀礼についてはほとんど知らないのだが、ミサがキリストの肉と血を拝受する儀式であると聞いたことがある。そうすると、クマ祭りにおける共食に通じるところがあるのかもしれない。祖霊と一つになることによって、昔々、たとえばオーストラリアのアボリジニのいう時のないとき、原初の昔、に通じる意味もあろう。共食が全員で行われることは、共同体の仲間が祖霊を通して一体になることでもある。

南米のある部族は、自分たちはトーテム動物（たとえばほろほろ鳥）と同じなのだと言う。[12] 調査者が、実際に飛んでいる鳥を指さして、あれは飛べるがあんたは飛べない、それでも同じか、と問うても、何をバカなことを聞く、という態度で平然と同じだと答える。ロールシャッハテストにコンタミネーション（混交）と分類される反応があり、一つの外輪郭内に同時に二つの概念を見るものであるが、通常、自我境界の崩壊したサインとされている。クマ祭りにおける共食が、祖霊と自分たち、今とはじめのとき、自分と仲間たちの境界をとり払い主客分離以前の一体感を甦《よみがえ》らせるとすれば、この世ならぬ大きな安らぎをもたらす可能性は大きい。

一方、クマは猛獣である。時に人を襲って殺すことがある。この場合は人々は復讐《ふくしゅう》のため執拗《しつよう》にクマを追って仆《たお》す。当然霊送り《たま》（クマの霊《れい》をクマの国に返す）の儀礼は行われない。アイヌの場合は幼獣を二、三年飼育した後に屠《ほふ》る。男女、大人子どもに差はあるが、共同体のみんなが共食に与《あずか》る。祭りは二、三日に及び全員が飽食する。これは共同体が個々人より成っているが実は一つであること、馴《な》れ親しんだコグマ、つまり身内ないし神の使いを食べることによって、みんながその生命をつなぐこと、祭りという非日常的空間（第一章で述べたコムニタス状況）が、共同体全員のいわば集合的意識からなる構造によって守られ、喜びと悲しみ、安心感と罪悪感という相反する感情が共有されることを意味している。ハヤカワのカテゴリーに従えば、神、仲間、復讐《ふくしゅう》する敵、身内、贈り物、食糧などと分類される対象が、それらすべての混交した全体として祭りに顕在するのである。同時に人々にとっても、それらのカテゴリーに対応する自分自身の心の動きを、それと感じ分けることなく、しかし全体的な感覚ないし感情として味わう。おそらく自他未分化の状況を、そこそこに主体の出来上がった状態から再体験する試みなのであろう。ここで体験とは経験とほぼ同義であるが、先に共通感覚、共通感情として述べた、より体感に近いレベルを表している。

ハヤカワのカテゴリーがどちらかといえばAB領域のものであり、現実適応的に極めて有効であることはすでに述べた。しかし以上述べたように、カテゴリー同士が葛藤《かっとう》し、時に収拾のつかなくなることがある。それが共同で行う儀礼を通しておさまるのである。自他未分化の状態は、よきにつけ悪《あ》しきにつけ完結した状態である。プロセスはあるが始めも終わりもなく目標もない。主客の分離はしばしば光の到来ないし天地の創造として示されるが、同時に楽園の喪失でもあった。胎内復帰願望とは、そのような自他成立以前の状態への何ともしれぬ憧《あこが》れといえるかもしれない。クマ祭りは意識的に定められた手順通りに営まれる行事であるが、前章で述べたように、象徴として意識の場のより深い層の全体を、間接的に顕在化＝意識化＝経験させているのである。必然的に大きい感動がひき起こされる。儀式が主体＝意識の場の潜在的なレベルを象徴的に顕在化させるからである。

この場合大切なことは、家族であれ村全体であれ共同体の全員が参加することである。そこに次節で述べる関係性、ムレを作る動物個体間にみる感応現象、の生じている可能性が大きい。これを意識の場でいえばE領域、身体領域になる。種属発生的にも個体発生的にもめったに意識されることのない領域である。それがクマ祭りコンプレックスの底にある。表層には集合的意識に基づく厳格な手続きがある。それが次第により大いなるものとの一体感、忘我体験への準備性を高める。そして儀礼の進行とともにその感覚・感情は最高潮に達する。もちろんそこには自我コンプレックスが重なっている。意識の場の多重多層的な相互作用を思い出してほしい。それが時、場所、定められた手続きなど、集合的意識に基づいている。したがってクマの霊をクマの国に送り返すとともに祝祭の時は去り、日常の時に返ることができる。

ここで人々の経験していることは、個人の枠を超えたより大いなるものとのつながりである。自他分化＝意識化以前の存在感そのものともいうべき感覚、オーバーにいえば生命の流れそれ自体が、祭りを通して呼びさまされ、共同体の成員全部によって確かめ合われ、それが大きい感情体験をひき起こすのである。それは遠心的な忘我体験に似て求心的な中核体験であり、拡大体験であるとともに集中体験でもある。要するに全体感覚、自分のすべてを生きている実感、理想的な恋愛における絶頂感に近いもの、といえようか。

以上、バラとビールとクマ祭りが、それぞれのコンプレックスに応じてさらに新しいコンプレックスを布置して、意識の場全体を活性化するプロセスについて述べた。つまるところ意識の場、つまりは自分自身、の全体に開かれてゆくプロセスに他ならない。その際の求心的な動きが主体感情、遠心的な動きが全体感情として意識されるのである。

第五節　関係性

ここで前節および前々節で述べてきたことを整理しておきたい。

まず亡夫のパイプと三代の女に伝えられた指輪について。どちらもまずはハヤカワのカテゴリーに従って、ただのパイプないし指輪として認知される。自我との関わりがないからである。しかし亡父のものとわかった途端、自分と特別な関わりのあるこのパイプとなる。と同時にわれ知らず懐かしさがこみ上げてくる。無意図的、いわば自然な現象である。しかしそのとき、私はこのパイプに限定されたこの私となっている。それが意識のレベルで特別な懐かしさを感じさせているのである。そこに気持ちを集中し続けると、若くして逝った父とのさまざまな思い出が甦《よみがえ》る。そして、自分がこの父のこの子どもであることに思い至る。のっぴきならないつながりであるのだが、そのような限定が、逆に自分がこの自分以外の何物でもないことを思い知らせもする。つまり、このパイプに懐かしさを感じるこの私のアイデンティティがそれによって確かめられるのである。おそらく物置で古パイプに気づかなければ生じなかった、意識の場が開かれて、思いもかけない可能性が顕在化したといえる。それはつながりを通しての遠心的な広がりでもあるが、おなじくつながりを通しての求心的な深まりともいえる。

　指輪の場合にも同じことがいえる。もともとは何でもない指輪に、祖母、母のそれぞれが自分の思いをこめて娘に伝えたものである。そのことが指輪を私にとってかけがえのないこの指輪に変える。指輪と私との間に特別な結びつきが生じ、それが私をこの私にする。指輪には、母から離れて嫁ぐ娘の喜びと悲しみ、折角の娘を嫁がせる母の嘆きと諦《あきら》め、かりに跡継ぎの男子を生んで婚家での立場を揺るぎないものとしても、直系の娘にしか伝えられない女のひそやかな恨みのごときものが隠されているかもしれない。羽田[13]によれば、認知症気味の老女が老人施設で家に帰りたいというとき、その家はほとんど結婚前の実家のことという。だからオーバーにいえばこの指輪には女系制以来の思いがすべてこもっている可能性すらある。それは指輪を受けついだ女性が、指輪を見つめながら思いをこらしてはじめて感じられてくるプロセスである。これはかなりの想像を交えてのものであるが、意識の場でいえばE領域よりもさらに深いレベルということになる。

そこまでいかずとも、少なくとも女三代の思いに連なるものとして、この女性の、もし指輪に思いをひそめることがなければ顕在化しなかった、おのれの可能性が開かれてきたことは間違いない。もっぱら内的な思いを辿《たど》るのだから、それは広がりとはいえるものの、むしろ深まりのプロセスであろう。それによって、自分独りを越えた、ある意味で自我のコントロールを超えた、おのれのなかの他者性に気づくとともに、それを取りこむ、または取りこまれるプロセスである。しかし指輪とのつながりを通しての限定化が、むしろ自我親和的なアイデンティティの広がりないし深まりとして受けとめられる。感情機能の促進が主体性のさらなる展開に寄与する、というのはその意味においてである。

次がバラとビールである。これがパイプと指輪と異なるのは、対象が内的というよりも外的対象であり、必ずしもこちらの期待する通りに反応してくれないことである。もっとも先の場合でも、内的なプロセスが時に他者性を露《あらわ》に感じさせるほどに独り歩きすることがある。しかし意図的（時には無意図的）にそのプロセスを中断することができる。しかしこの場合それができない。

たとえばバラに意識があるとは考えられない。しかしそれなりの成長のパターンが備わっている。それに逆らって花を咲かすことはできない。だから意識すると否とを問わず、育てる自分と育つバラとの〝協力〟関係が不可欠である。思いがけないバラの異変はすべて主体の責任である。異変に出会うたびにおのれの無知を思い知らされ、何とか解決できるごとに何がしかバラの〝心〟を理解できる。それがそのまま、バラを通して顕在化してくるおのれの未知の部分に開かれるプロセスとなる。ここでもこのバラとこの私との特別なつながりを生きるのである。生きることが決して独り生きることではなく、つねに対象との関わりを生きていること、その限りそのつど自分の可能性の開かれてゆくこと、それだけ自分が広がりかつ深まること、言い換えれば既知の自分がいかにわかりきったせせこましい世界に閉じこめられているか、逆にいえば、自分が対象との関わりを通してほとんど無限に広がる全体性を生きていること、に気づくのである。もちろんこのバラを生きるためには、この自分を十分に生きなければならないこと、自分を生きる程度に応じてバラを生きることのできることに気づくことは、次に述べる関係性との関わりが強い（その意味で遠心的）のだが、何よりも全体としての自分の顕在化（その限り求心的）なのである。

一杯のビールの味は、以上のように外的対象のままならぬことを承知しているからこその、「こんなおいしい」ビールである。これはのっぴきならぬ親子状況に投げ出され、つまり切ろうとしても切ることのできぬ関係性に閉じこめられ、父親である自分に対して、とてもまだ無理と思っていた幼い子どもからねぎらいのことばをかけられて、束の間の一体感を感じた父親のことばである。この子どもたちの親としてのこの私というおのれのアイデンティティが鮮やかに浮かび上がった瞬間である。これは、親子というのっぴきならない絆《きずな》を、自分の責任であらためて確かめることであり、その意味では一つの創造的行為である。その点ではバラの場合に似ている。『星の王子さま』のバラは、たまたまのめぐり合わせであった。しかし育て育ちあううちに、はからずも強い結びつきが生まれる。王子さまはだから飛行士に言う。「友情とは育ててゆくものなんだよ」と。それはまさしく主体的な創造の仕事なのである。友だちとはもともとは縁もゆかりもない赤の他人から創られる。そしてこの父親の場合も、父親アイデンティティの確認は、あらかじめ定められた結びつきの確かめには違いないが、創造という点において王子さまがバラとの間に特別な絆《きずな》を創ることと変わらない。

もちろん父親アイデンティティだけがこの父親のアイデンティティではない。サラリーマン・アイデンティティ、趣味仲間アイデンティティなどいろいろある。それらが集まってこの父親の自我コンプレックスを形作っている。そしてそれらのすべてが共通感覚として感じられている。そのつどの状況が自我コンプレックスのどの層に映し出されるか。もちろんコンプレックスは多重多層的だから、一つの層だけで決まるわけではない。現にこの父親の父親アイデンティティは、サラリーマン・アイデンティティに映し出されている面のあるゆえに、より豊かな相を顕《あらわ》している、ともいえるのである。

最後にクマ祭りについて。これは今までの例と違って共同体が関与している。ムレを創る動物たちの間に何らかの感応現象のあることについてはすでに述べた。しかしそれとともに、クマ祭りを行っていた人たちの生活状況が、ムレの共同性を一層高めていた可能性がある。つまりムレのなかの最も有能な人でも独りでは生きていけない、同時に最も無能な人の協力をも当てにしなければムレ全体が生きていけない、厳しい生活環境である。だから共同の祭事はこうした仲間の凝集性を高める意味がある。それは仲間あっての自分であり、ある場合にはおのれのアイデンティティが全体のなかに埋没する遠心的な危険を伴うが、そういう仲間との関係性をあらためて自らのアイデンティティに組みこむという求心的な意味の方が大きい。先の子どもから贈られたビールを飲んで目を細めた父親が、生物学的な父親からあらためてこの子たちのこの父親としてのアイデンティティを確かめたように、である。

それと共同体の仲間全体としてのアイデンティティがある。主客分離の始まりは、主体にとっておそらくは外界に対する圧倒的な無力感であったろう。無限の広がりをもつ外界に対しておのれの存在はまるで塵《ちり》芥《あくた》のように感じられたのではないか。ましてやいつか死ぬという自覚は、おのれの有限性をいやおうなしに思い知らせたことと思われる。「動物はただ終わる。人間だけが死ぬ(14)」とはドイツの哲学者クラーゲスのことばであるが、そういう存在としての自分をどう受け入れるかが、意識の黎明《れいめい》期における人間の大きな課題であったのではなかろうか。生きている間の目くるめく生の充実感にもかかわらず、やがて老いて死ぬ現実に直面し、そういうわれわれはどこから来てどこへ行くのか、という問いかけが、意識されると否とを問わず、限りある存在として限りない外界に立ち向かう主体のなかにおのずから生じてきたものと思われる。創世神話や人間の始まりについての物語は、そうした蒼古《そうこ》のとき、主客が分離してようやく意識の芽生えはじめたころの古い記憶を留めているのではないか。

クマ祭りにおいて、クマは神の国から来て自らが死ぬことによって多くの恵みをもたらす。そして屠《ほふ》られた後は丁重に葬られ、ふたたび神の国に送り帰される。クマに祖霊のイメージが何がしか重ねられているとすれば、クマの国は祖霊の生まれ出《いず》ると同時に帰るべき国である。人々が共食によってクマの肉と血に与《あずか》ることは、すでに述べたように、祖霊と一つになり、はじめの時をともにすることである。クマの霊を送り返すことは、やがて自分たちもそこに帰ること、おのれの死が決してそれで終わるわけでないことを保証する。しかしそれが祖霊を屠《ほふ》ることによってしかもたらされないことは、飽食による生命の高まりを伴うだけに、一層の悲しみと罪の意識をかき立てて、生あるものの限界を思い知らせるのである。同時に祖霊が、おのれを犠牲にしてまでも自分たちを見守ってくれているという、大きい安らぎが与えられる。そこに、目覚めたばかりの意識（主体）が圧倒的な外界にふり回されながら、ちっぽけな自分を中心にした意味のある世界＝コスモロジーを作り上げているのである。そのような共同体的アイデンティティに包みこまれることで限りある存在としてのおのれのアイデンティティが受けとめられる。それは生来的な感応能力をはるかに越えた、関係性の世界、おのれの存在がそれだけで完結するものでなく、祖霊はいうに及ばず、全宇宙との相互作用のうちにあることへの気づき、ともいえる。

感情の働きについてはもう一つ、相貌《そうぼう》的知覚について触れておく必要がある。これは春風が頬《ほお》に触れるとか、せせらぎが唱《うた》いかけてくるとかいった、日常的な感じ方である。生命のないものに生命を感じ、それが〝私〟に働きかけてくる、という実感である。アニミズムに近い。しかし存在するとは本来主体と外界との相互作用である。口に入れた食物はどこで自分(の体)になるのか。胃袋でか大腸でか、吸収され血となり肉になってからなのか。切り捨てた髪の毛や爪《つめ》は単なる物なのか。吐き出した唾《つば》は吐き出すまでは自分なのか。そもそも自分の体は主体なのか客体なのか。というような疑問は、主客分離の果ての袋小路にはまりこんだ結果である。生きるないし存在するとは、主客の出会うプロセスである。たとえばウィニコットが母と赤ん坊などはない、母‐赤ん坊のユニットがあるだけだ、というように。

人間だけに主客の分離が生じ、完結した十全の存在感が失われた。感情機能は、そのようにして生じた存在の裂け目を埋めようとする働きである。そこに十全の存在をひき裂いた意識(主客の分離)が、みずから開いた裂け目を修復しようとする必死のあがきがある。相貌《そうぼう》的知覚とは、わずかに残った主客一体感覚の名残といえよう。それでも春風は客体として感じられているし、その触れる頬《ほお》は主体としての私の頬《ほお》だから、主客の分離がすっかり修復されているわけではない。おそらくクマ祭りの参加者が感じるであろう、祖霊と一つになった忘我体験も、集団的アイデンティティという集合的意識によって、まったくの自我喪失体験に陥ることを免れている。はじめの時に帰ったままで「いま・ここ」に戻れないのでは、精神医学的には狂気ということになる。

ついでにクマ祭りにおける忘我体験は、クマのたましい=祖霊の乗りうつる憑依《ひょうい》的な面とともに、内側からそれに呼応する感覚的な動きがあるはずである。意識の場でいえば身体プロセスのさらに下層の、自我コンプレックスでは届きかねる層が触発されてくる。それが前章で述べた共通感覚の底にあるおのれのなかの未知なるもの、よくいえば無限の可能性、悪くいえば自我コンプレックスを破壊しかねないエネルギーである。前章で、踊りは踊ってみなければわからないと述べた、パフォーマンスによってはじめて顕在化する内なる促しである。

クマ祭りにかこつけてさらにいえば、祭りにおける〝洞察〟がほとんどシンボリックなレベルにとどまることである。参加者は、本章で述べたような心的プロセスを、心のレベルではほとんどかあるいはまったく意識していない。それはユング(15)の述べているプエブロ族の人たちが、太陽の運行に与《あずか》る儀式に参与しながら、その心理的意味についてユングの考えるようなレベルではまったく気づいていないのと変わらない。以上クマ祭りについての考察が、前章第七節で述べた中村雄二郎のコスモロジー、パフォーマンス、シンボリズムに対応するので、あえてとり上げた。

そして以上のいくつかの例すべてに通底しているのが、ハヤカワのカテゴリーなのである。それは意識の場ではAB領域に擬せられ意識的なわかった領域となっている。図2、図3を見る限り、意識的プロセスはここから始まるかの印象を与えるが、場の働きを考える限り、図は束の間の仮象であり、AB領域はそれを映し出す背景なのである。クマの肉を共食する最中《さなか》には、参加者の関心はもっぱら味覚に集中していよう。しかし背景にあって、クマ－祖霊－共同体－自分といった分類機能は結構働いているわけである。それあるがゆえに、完全な放心状態を免れえていることは再三述べた。

以上、感情機能が、主体性、全体性、関係性と密接に関わっていることを述べてきた。しかしその働きはプロセスであり展開するものである。アレキシサイミアという術語が専門領域で一応の承認をえていることが示すように、ジェンドリン流にいえば(16)、そのプロセスの凍りつくことがしばしばある。カウンセリングは、原則的には二者関係を通してそのプロセスを再開させようとする試みである。そこで次章では、そのことがどうして可能になるのか、について考えることにする。

第八章

思考的共感

感じるためには知らねばならない

8

第一節　心の普遍性

前章で、カウンセラーの目ざすことはクライエントの感情機能を回復させることである、と述べた。するとその機能をどのようにして回復させるのか、が問題になる。今のところ私は、それはカウンセラーの共感を通して行われる、としか答えられない。しかし共感についてはさまざまな考え方がある。本章ではそれらについて、私なりの経験を踏まえ、できるだけ具体的に考えてみたい。

いろいろな考え方といっても、他人の感じていることを自分が同じように感じるのだから、お互いが同じだとする前提がある。たとえば人がくしゃみをしている場面を見れば、大抵の人にはその人の感じがわかる。それは自分が今まで何千回となくくしゃみをし、その折のむず痒《かゆ》い不快感、それが爆発的なハクションとともに解放される爽快《そうかい》感など、を知っているからである。くしゃみにももちろん個人差がある。だから他人のくしゃみ感を丸きり同じように感じることはできない。しかし自分の経験から推して、たぶんあの人はこんな感じなんだろうな、と思うことができる。人間がある種の状況にさらされたとき、おそらくはみんな似たような感覚ないし感情を経験する。そういう暗黙の了解があってこそ共感がなりたつことは、説明のための理論は多種多様であっても、大方の人に納得できることだと思っている。

心についていえば、時と所を問わず、あらゆる人間には普遍的な本質的部分がある、と私は考えている。それが意識の場なのである。ただし顕《あらわ》れ方は時と所に応じて千差万別である。それを宗教的感情についていえば、カトリックのミサでキリストの血と肉に与《あずか》る信者にしても、クマ祭りの共食に酔いしれるシベリアの狩猟民にしても、太陽の運行を助けるプエブロの人たちにしろ、尊師の説教に耳を傾けたオウムの弟子たちでさえ、「より大いなるもの」との一体感を仲間とともに味わうということでは、変わりないのではないか。おそらくは忠実なプロテスタントと思われるジェームズ(1)が、私には信仰告白とさえ思われる講義に際して、キリスト教の新旧両派にとどまらず、イスラム教、仏教、ヒンドゥー教などに言及せざるをえなかったのも、そのことを言おうとしていたのではないかと思う。

このことは、芸術全般についていてもいえることである。絵画にしろ音楽にしろ、作者がその作者でないと作ることのできない個性溢《あふ》れる作品こそが、もっとも普遍的な、つまり万人に訴えかけるもの、という逆説が成り立つからである。ただし若干の保留がある。私の個人的な経験であるので、どれだけ一般化しうるかどうかには疑問がある。しかしそれもまた、私という個人を通して私のなかにある普遍的な層が感じとったことかもしれないので、あえて述べておく。一つは文章にかかわるものである。私の実感では、その味を感じ分けるためには馴《な》れが必要と思う。私には外国語の詩を鑑賞する能力がない。意味はある程度わかる。しかし味わいについてはまるきりわからない。ただし個々のことばによるイメージの連鎖が、意味以上の情感を感じさせてくれることはある。それも鑑賞の一つの方法ではあろう。しかし私自身の日本語についての語感は相当なものである、少なくとも平均的日本人レベルのものはある、とはっきりいえる。以前専門家に確かめたこともあるが、「私は」と「私が」とではかなり感じの違うことは直感的にわかる。ましてや食堂で「私はウナギだ」というときの「は」が、以上二つの「は」「が」と丸きり違うことはいわずもがなである。さらに「古池や」の句が、単に池に蛙の飛びこむ以上の思いを含んでいることはかなりわかる。かつ私自身のそのつどの状況によって、その味が微妙に変わることもわかっているつもりである。

もう一つは絵画である。以前私は、美術の鑑賞は私自身の生まの感覚で味わうのが最善という書生的論理にこだわって、解説も何も見ないで直接鑑賞しようとしていたことがある。しかしあるとき、偶然高名な美術評論家（自身かつて画家であった）の評論を読んだ後で、そこで論じられていた画家の作品を鑑賞した。そのとき、理屈っぽいその評論（それは純粋な鑑賞を妨げるはずであった）に従って観ていると、結構その絵の面白みが感じられるので驚かされた。たぶん形式についての〝見どころ〟であったのだが、単に理屈で何々様式と納得するだけでなく、その分、心が打たれていることに気づいたのである。ただの暗示効果だけだったのかもしれない。見巧者、すぐれた鑑賞家がどうしてその鑑賞眼を洗練させてゆくのかのプロセスは知らないが、能動的な理屈（知ること）が受動的プロセス（感じること）を促すのは、感じるためには知らねばならないとする、本章の副題にも合ったプロセスである。

その場合でも、結局は他の人たちと似たような感じ方が可能になるのだから、やはり私の心の底にも普遍的に感じる層があるのだ、といえなくもない。そして文章にしろ美術にしろ、そうした普遍的なものが、こうした個別的な顕《あらわ》れ方をしているその多様性を、私なりに多少とも楽しめるようにもなった。これを意識の場にかこつけていえば、場全体が潜在的な可能態で、それが外界の事物と出会うことによって顕在化する、ということができる。場全体は多重多層の層をなしており、それをマイヤー(2)のいう個人の「地質学」に重ねれば、絶対的主体から自我、家族、種族、国、ヨーロッパ（われわれならアジア）人、霊長類の祖先、哺《ほ》乳類、生命（それぞれにコンプレックスをつけてよい）に至る系列が浮かび上がる。ヨーロッパ人のあたりまでが集合的な層で多かれ少なかれ個別的な顕《あらわ》れ方を示し、第六章の図2、図3でいえばＡＢ（自我、あえていえば集合的意識）からＤ（集合的無意識）に至る部分、「霊長類の祖先」からがＥ（身体的プロセス）以下の部分、したがって普遍的なレベルとなろう。マイヤーの示している図の面白いのは、家族からヨーロッパ人までは、それぞれの集団内では普遍的だが、より大きい集団からみれば個別的となる二重性をもつことである。

第二節　中空構造

河合隼雄(3)に中空構造という概念がある。彼はこの考えを日本神話の解析から導き出し、それを日本社会ないし日本人に特異的な心性とした。しかし私にはこの考えが、先のマイヤーの図式に従えば、霊長類の祖先あたりの普遍性をもっているのではないか、と思われる。折しもある人から、私の人生はドーナツみたいなものだという述懐を聞いた。配偶者、恋人、子ども、同僚、友人たちが実の部分として周りにあり、自分自身はまん中のからっぽの穴だ、というのである。たまたま中空構造について少し考えていたので、河合の発想が単なる神話研究にとどまらず、かなり広い範囲に適用できる概念ではないか、と思った。

中空構造とは、日本神話において、たとえばアマテラスとスサノオは華々しく活躍するのに、三貴子の一人であるツクヨミがほとんど活躍しないことから思いつかれた。しかし、ツクヨミこそがアマテラスをアマテラスたらしめ、スサノオをスサノオたらしめる鍵的存在なのではないか、というのが河合の着想なのである。私の考えでは、ツクヨミは意識の場における潜在的な可能態であり、アマテラスやスサノオはその顕在化した相になる。その場合大切なことは、意識の場が全体としてあらゆる意識作用に影響を及ぼしていることである。その感じが共通感覚ということで捉《とら》えられてきたのではないか。本書ではそれを場の準備状態《レディネス》とし、潜在的であるにしても、ある種の刺激にとくに敏感な状態として述べてきた。人それぞれのアマテラス・イメージはあるにせよ、そこでいくばくかのふくらみないし奥行きを支えているのは、こうした漠とした全体的な共通感覚なのである。

そこで見逃してならないのは、アマテラスとスサノオの関係も、共通感覚を文字通り母体にしていることである。その働きがツクヨミの仕事、先述のドーナツの穴、意識の場における中空構造なのである。意識の場を静的に捉《とら》えると、図3に示したように中心には自分ないし主体がくる。しかし動的に捉《とら》えると、それは場全体、つねに背景にある未発の可能態、にとどまる。それが外界の対象と出会ってはじめて顕在化する。しかしそれが束の間の仮象であることはすでに述べた。この中心でありながら潜在的であることが、中空でありドーナツの穴なのである。哲学に不案内なので正しい理解に基づいている自信はないが、二つの対立するものを、弁証法でいう正反合の展開として捉《とら》えきれないところを、中空構造論が見事に捉《とら》えている、と考える。だからアマテラスとスサノオの対立を、正と反の対立とは見ない。もともと同じツクヨミの母体に発している一つのものが分化して、顕在化した形では対立するペアのごとく見えているのである。だから両者の対立を弁証法的な二元論でわり切ることはできない。一元論的に、未分化な全体的状況に遡《さかのぼ》り一つであった状態にたち返って、あらためて分化のプロセスを辿《たど》らなければならない。そこではじめてスサノオあってこそのアマテラス、アマテラスあればこそのスサノオの姿が浮かび上がる。これをアマテラスだけ、スサノオだけのイメージを明らかにするために、集められるだけの資料を集めて総合、分析しても、二神の本質から遠ざかるだけであろう。全体は部分からなるが、部分の全部を集めても全体にならないのである。そのような、いわば原初の母胎がツクヨミである。その限り、アマテラスもスサノオもツクヨミの分化した二つの相にすぎない。

そうした観点から、知人のドーナツ論議を考えると、周辺の実《じつ》、夫、子ども、恋人、知人たちは、中心（なのである）の穴、中空があればこそ顕在化しえているのである。それらはお互いに関わりあうことも可能であろうが、実は中央の穴と個々につながっていてはじめて実体として顕在しえている。しかも興味深いのは、この知人が自分を穴になぞらえ空虚感を訴えていたことである。つまり自身の果たしている重大なツクヨミ的役割にほとんど気づいていない。

しかしツクヨミは本来潜在的な神である。もしこの無形《むぎょう》の神が顕在化すれば、秩序ある現実世界は混沌《こんとん》と破壊にさらされて、おそらく崩壊する。さりとてこの神との接触を失うと世界は一挙に生気を失い、いわゆる病的幾何学的状態に陥るのではないか。現代の自然科学万能的な生活指向が人文科学的ありようを浸食し、両者のグロテスクな結合が、かえって一層人間疎外現象を加速化しているような気がしてならない。いずれにしろ、自然科学的にいえば、この二つの方向性は精神病理学的には重篤な障害と分類されるものであろう。

そこで知人であるが、周囲の人がそれなりに実《じつ》の暮らしを生きているというのは、この人との関わりにおいて生きている、ということである。逆にいえば、この人のドーナツ論は、この人の内的対象関係をイメージ化したものである。内的とばかりとは必ずしもいえず、現実の人間関係もいやおうなく影響されているのだが、しいていえば、この人の意識の場における対人関係の部分がそのように意識されている、ということになろうか。そして周囲の人たちのこの人への対応が、この人との関わりにおいて特異的になっている、つまりこの人が人々をそのように動かしている面、が気づかれていないのである。河合が中空構造を日本人に特異な傾向としたのは、この知人のように、ことばのレベルでは明確に意識していないのだが、何となく一見無為のうちに全体のバランスを保つ感覚に日本人が優れている、という意味ではないかと思っている。

ただし、そうしたあいまいさを、意識的にさらに明確化することができるのか、また、それがはたしてよいことなのかどうかの問題が残る。意識化にはそれなりのプロセスが要る。前章でいくつかの例をあげて説明した通りに、である。私自身は、この問題は当事者の決めることと考えている。そもそもカウンセリングを受けるかどうかは、自傷他害の怖れの薄い場合、本人の決めることである。たとえ外から見て苦しみ多い生き方であっても、当人が納得している限り、他人がとやかくいう必要はない。カウンセリングの目的は、本人が自分なりに納得できる生き方を見出すことだからである。

第三節　スーパービジョンの経験から　共感をめぐって

前に、ここしばらくスーパービジョンのケースを増やしていることを述べた。若い心理士を育てていくのに個人スーパービジョンが最も有効と考えているのと、現在のカウンセリング界で最も不足しているのが、有能なスーパーバイザーだ、と思うからである。そして気づいてきたのが、若いカウンセラーたちに共感と見立ての能力が著しく欠けていることである。

ところで本章にいう思考的共感は、以前は感情的共感と呼んでいた。(4) 感情機能の感覚機能と思考機能をつなぐ働きを強調するために、である。以下、それについて説明する。本書がユングの意識の四機能説に多くを負っていることはすでに述べた。ただし彼の説を忠実に追っているのではなく、かなり恣意《しい》的に私の考えを入れこんでいる。もともと私には、私なりの考えをまとめるのに役立つものは何でもとりこむところがある。私なりに筋が通っておればそれでよい、と思っているからである。感覚機能に価値判断はない。本書で重要な役割を果たしている共通感覚には、感覚的とはいうものの、思考機能のニュアンスがいくぶんかある。そもそも意識の四機能のすべてに、きわめて未分化ではあるにしろ、ある程度の判断機能が含まれている、と考えざるをえない。共通感覚は四つの意識機能がごちゃまぜになってホリスティックに感じられている状況だから、そこに思考機能の含まれているのは当然である。さらにいえば、意識とは主体が対象を客体として知覚することだから、感覚・直観にも何がしかの判断機能を仮定しなければならない。ただし本書では、感情を主体が客体を主体との関わりで意識する際のプロセスと定義している。感覚機能には、感覚器官を通して対象をありのままに受けとめる認知的な働きが確かにある。しかし、思考機能の場合と同じく対象は客体のままにとどまっている。ところが自我の関与は必然的に感情機能を大幅に活性化する。前章のパイプやバラの例で説明したように、である。はじめは感覚・思考レベルの判断であったのが、自我コンプレックスに映し出されると一挙に感情機能が動き出す。その、感情のおのずからこみ上げてくる直前の判断機能を「知る」働きとすると、これは思考機能とあまり変わらない。その点を強調するために感情的共感を思考的共感に改めたのである。両者の差をしいていえば、思考機能は、対象を能動的に主体と切り離して判断する働きであるのに対して、感情機能は受動的に対象と合体しそこでおのずから生じる意識のプロセス、ということになる。

しかし私のバイジーたちの多くは、クライエントについて知ろうとすることはクライエントとともに感じるプロセスを妨げる、という考えに捕えられ、クライエントの客観的状況についてあえて知ろうとせず、いきおい見立てることがほとんどできなくなって立ち往生しているかに見受けられた。一つの理由は、文字通り、カウンセラーはあたかもクライエントであるかのごとく感じなければならない、とするロジャーズのことばにこだわりすぎているのである。われわれには、自分がまるで相手であるかのように感じることなどできはしない。「もし私があなたと同じような状況だったら、たぶんこんな風に感じると思うけれども、いまあなたが腹が立って仕方がないというのはそんな感じなのか」と確かめるのが精一杯なのである。つまり、私が感じているようにあなたは感じているのか、あるいは感じていないのか、ということでしかない。基準になるものはあなた（クライエント）の感情ではなく、私（カウンセラー）の感情なのである。それで十分お互いの気持ちがしっくりと通じあっていると思えることが少なくない。そこがはっきりしていないと、ついあなた（クライエント）の気持ちを確かめたくなって、それもカウンセラーに対する肯定的な気持ちを期待して迎合的になりやすい。その結果、面接の場のイニシアティヴが失われているのである。

河合は晩年、「全力をつくして何もしないことをする」と折にふれて洩《も》らしていた。同時に「何もしないことをするのは、一見何もしないことと変わらない」とか、「何もしないことをするのは、何かをするよりも何倍ものエネルギーが要る」とも聞いたことがある。私流に考えると、河合が意識していたかどうかはともかく、中空構造の中空的役割を意図していたのではないか、と思われる。つまりクライエントの話からいち早くクライエントの周りに布置された状況を読みとり、ツクヨミ的役割に目を据えていたのではないか、ということである。それはクライエントの「いま・ここ」の気持ちが、河合を通してクライエント自身のツクヨミ・コンプレックスに映し出されるのを期待していたのではないか。だから一見何もしなく（言わず）ともクライエントはひとりでに（実は河合に映し出されたからこそ）動き出せたのだと思う。そのことは河合自身のツクヨミ・コンプレックスの活性化されることが前提である。推測の域を出ないが、そのために費やされるエネルギーは莫大《ばくだい》なものと思われる。そしてそうしたカウンセラーのありようが、通常考えられるより遙《はる》かに深いレベルの共感を生み出すのではないか。先に共感にはいろいろな考え方があるといったのは、私の推測が多少とも当たっているとすれば、以上述べた意味での共感を視野に入れてのことである。おのれのコンプレックスに気づきかつ受容している以上に、クライエントのコンプレックスに気づきかつ受容することができない、というのも同じ意味である。

あたかもクライエントのごとく感じる、ということと丸きり違う共感のプロセスを、もう一つ紹介しておきたい。皆藤(5)のケースである。これは臨床ケースではなくむしろ実験的ニュアンスの濃いものである。しかし双方ともに深い思い入れがあった。皆藤には自分のさし出す紙に何が描かれようがすべて受けとめる覚悟があったし、被験者にはそこにすべてを投げ入れようとする決意があった。皆藤にとって、風景構成法における川は切り裂く機能をもつ。枠で守られた白紙に川を描くことは、被験者にとって、さし出された皆藤の混沌《こんとん》とした白紙の世界を区切って自分の世界を創り出すことである。それは皆藤という存在と風景構成法を媒介として出会ったそのときにしか顕現しない、おのれの可能性を生きることに他ならない。皆藤もまた、出会うことによってしか顕《あらわ》れないおのれの可能性を生きねばならない。その結果、皆藤には描かれた川が砂漠にしか見えなくなる。さらに口が渇き体がほてり頭までがクラクラしてきた。そして一瞬、被験者は川を描いたのに、自分は共感どころかまったくクライエントからズれているのではないか、と思う。しかしすぐに、描かれた川に砂漠と感じるところにこそ、この被験者とこの自分とのかけがえのない「いま・ここ」の「出会い」がある、と思い返す。ここには、「あたかもクライエントのように感じる」のとはほど遠い、しかし意味深い共感のプロセスが展開しているのである。

共感にはもう一つ、感覚的共感がある。しかしそれについては次章で詳しく述べるので、ここでは触れない。ただ私のバイジーたちの何人かは、共感しようとするあまり、逆にクライエントを客体化してそれに気づいていなかった。そこでそれについて少し述べておく。先の皆藤の例は、共感がプロセスであることを示している。そこには意図的というよりも自然に生じてくる趣きがある。だからといって意図的であるのが悪いわけではない。皆藤の場合、皆藤にも被験者にも並々ならぬ決意ないし覚悟、つまり意図があった。それはたとえば受動的注意集中について述べたように、実際の臨床の場では能動性と受動性とが微妙に絡まりあい、実は一つの現象の表と裏としか言いようのないことがあるからである。皆藤も自然に起こってくるプロセスに受動的に身を任せる、能動的な意図があった。似たようなことは、たとえば遊戯治療で、治療者が遊ばなければ子どもは遊べない、などといわれる場合にも当てはまる。

初心者が共感にゆきづまるのは、クライエントがいま何を感じているかをわかろうとしすぎることである。その場合、かりにわかったとしても、それは「あなたはいまこう感じている」という対象認知の域を出ない。共感とはともに感じることであるから、カウンセラーがどう感じているかが、クライエントがどう感じているかと同じくらい重要なのである。クライエントが何を感じているかは、事実上、当のクライエントしかわからないのだから、クライエントの動きは皆藤の場合のように、カウンセラーがどう感じ（させられ）ているかに気づくことを通してはじめて見えてくることが多い。そこのところを、もっぱらクライエントに関心が集中してこのクライエントとの関わりで動かされている自分の動きへの関心がおろそかになるところに、熱心で誠意のある初心者の共感不全の理由がある。カウンセラーの独善を怖れての善意の所作であろうだけに、惜しい気がする。しかしこれらのことはやや感覚的共感に近いことなので次章で考えることにして、ここでこれ以上の説明は控えておく。

第四節　思考的共感

第一節で人間の心には普遍的な本質的部分のあることを述べた。それが人間相互の共感を可能にしている。そこで、共感がどのようにして達成されるのかのプロセスを説明しなければならない。カウンセリングがクライエントの感情機能を活性化させようとする試みであり、それがカウンセラーのクライエントへの共感によってなされるとなれば、なおさらである。今のところ私は、それが小説や芝居の主人公に共感するプロセスと極めて似ているところがあると思っているので、まずそれについて考えてみたい。

たとえば『罪と罰』のラスコーリニコフである。ずい分以前に読んだ。いまだに陰鬱《うつ》な雲の垂れこめたペテルスブルグの街を、老婆を殺害するために歩いている主人公のイメージが思い浮かぶ。当時はもちろん現在においても、私はペテルスブルグに行ったことがない。もちろん帝政末期の貧しいインテリ貴族たちの状況を十分知っているわけでもない。それでも共感できるのである。世に害毒しか流さない金貸しを殺し、その金を前途有為の若者のために費やすことはむしろ正義のふるまいではないかという屁《へ》理屈に、である。その程度の共感で本当にドストエフスキーがわかっているのかと問われれば、もちろんお手あげである。それでもある程度はわかる。開き直っていえば、作者が構想し描き出したままの主人公に完全に共感することなどそもそも不可能ではないか、と思う。外国でもなく時代的にも近い、たとえば『坊ちゃん』にしても、漱石滞在時の松山の状況も知らずにどこまでわかるのか、と問いかけられて、まともに答えられるのは専門家しかいないであろう。当時のあるいは今でも、『坊ちゃん』に熱狂する大勢の人たちを象を撫《な》でる盲目の人たちと片づけてよいとは思えない。

『ハムレット』にしてもそうである。日本の、それも庶民の一人にすぎない私が、どうしてデンマークの王子の心境に共感できるのか。父親が叔父に殺され、正統の後継者である自分はその叔父を仆《たお》さねばならない。しかし叔父は現国王であり支援者も多い。そこでどうするべきか。優柔不断の若者の嘆きに、世界中の王族以外の若者に共感の可能性がないなどとはとてもいえない。同様のことがクライエントについてもいえるのである。私自身の場合に限っても、そのつど出会うクライエントは老若男女さまざまである。社会的地位も千差万別であり、性格的にもウマの合いそうな、ムシの好かなそうななど、いろいろある。それでも会わねばならない。そして共感しなければならない。それがどうして可能になるのか。それはわれわれのみんなが、心のどこか深い所にお互いに共感しあう普遍的かつ本質的な層をもっているからである。それは生まれつき備わっているものかもしれない（前に述べたムレを作る動物たちの感応能力）し、特定の集団に属する者たちがいつの間にか身につけた習慣かもしれない。難しくいえばウィニコットのほんとうの自己、日常的にいえば失われた童心などといわれるものかもしれない。いずれにしろそれのあることが共感の前提である。

ところがわれわれ人間は、一人ひとり違った状況に生まれおち異なる環境で成長する。したがって本来普遍的かつ本質的なものでも、それが具体化するのはそれぞれの状況ないし環境に応じて、である。意識の場にそっていえば、それは未発の可能態であり外界の事物と出会うことによって顕在化する。したがって顕《あらわ》れた相《すがた》は多様であり、一見まったく似ていないこともあろう。仮に宗教的心性がそうした普遍的かつ本質的なものならば、現在の多様なかなり混乱しているかにみえる諸宗教諸宗派の対立も、ある程度頷《うなず》けるかもしれない。また人間がムレを作る動物であるとすれば、どのようなムレを作るかにそれぞれのムレが個性（特異性）を発揮するのは当然のこととなる。普遍的かつ本質的なものが外界の事物と出会わぬ限り顕在化しないとすれば、あらゆる人は個性的であり同時に普遍的本質的なものの顕現した相ということになる。

ここで第一節に紹介したマイヤーの「地質学」に戻ると、個人は絶対的主体から自我、個人（自我コンプレックス）を経て、家族、種属、国、ヨーロッパ人に至り、さらに霊長類から哺《ほ》乳類、最後に生命に辿《たど》りつく。ここで普遍的かつ本質的なものが絶対的主体なのか生命なのかについてはしばらく措《お》く。問題は家族からヨーロッパ人に至る層である。それぞれのことばの下にコンプレックスをくっつけた方がわかりやすい。これは個人の属する共同体である。そこでメンバーの一人として暮らすためには共通のペルソナが不可欠である。それが後天的なものであるにもかかわらず、共同体内部の人間には人間の本性のごとく思われていることがある。かつてヨーロッパ人が、黒人、黄色人種、白人という進化の系列があると考えたように、である。

個性が普遍的かつ本質的なものの顕《あらわ》れである以上、理屈のうえではつきつめてゆけば必ずその層に至る。しかし、そこには夥《おびただ》しい共同体コンプレックスが絡みついている。純粋なそれは潜在的な可能態だから形を持たない。第五章でイヌの原観念について述べたが、それと同じくあらゆる形を含みながら形を持たないのである。絶対的主体でもありうるが、生命現象でもありうる。感じからいえば「地層図」の全体ともいえるし、絶対的主体の尖端、円の中心のごとき一点のようにも思える。私自身は、意識の場全体のもたらす共通感覚と考えている。あらゆるコンプレックスがしみ通り、普遍的かつ本質的なものとしては捉《とら》えがたい全身感覚のごときものである。

そこで衣裳《いしょう》のたとえを使う。これとても不十分なものであることは承知している。しかし、私の言いたいことを表すのに便利なのであえて用いることにする。他者理解＝共感のためには身につけたすべての衣裳《いしょう》を脱ぎ捨てねばならない。もちろん不可能である。できるだけ、という意味におとりいただきたい。衣裳《いしょう》の一つひとつをコンプレックスと考えてよい。これを最大限に行えば、理屈では「裸」に近くなる。しかし、この衣裳《いしょう》をとるためにはまずそれを着けていることに気づかねばならない。私の推測がなにがしか当たっているとして、河合が自分のツクヨミ・コンプレックスに気づいている程度に応じて、クライエントに同じコンプレックスを布置していったように、である。そのうえで、一時的にしかすぎないが（コンプレックスはなくなることはない）それを脱ぐ。脱げるだけ脱いで裸になる。ということは、これも仮説的な比喩《ひゆ》にすぎないが、無垢《むく》の状態に帰る。そのうえでクライエントのつけていた衣裳を一つひとつ身につけてゆく。それは過去、現在、未来をも含めたクライエントについての情報である。無垢の状態に一枚一枚その衣裳を纏《まと》ってゆくとき、カウンセラーのなかで何が起こるか。つまり、クライエントのおかれている状況にわが身をおいてみるのである。比喩《ひゆ》的には、「こんな厚い物つけていたんじゃ暑くてたまらないのではないか」「こんな薄物でよく凍えなかったねえ」といったクライエントに対する感慨が生ずるのではないか。

もとよりたとえ話である。しかしカウンセリングの実践で、このたとえはかなり有効という実感がある。表れとしては、前節の「もしも私があなたと同じ状態であったなら、たぶんこんな風に感じると思うのだが、いまあなたの言った腹立ちとはそんな感じなのか」、あるいは「そのときあなたはそうは感じなかったのか」という問い返しが可能になる。裸になるプロセスがたとえとしても至難の業であるのに、クライエントの衣裳を身につける作業も大変である。ただいえることは、衣裳を身につけた以上そこでわが身に何が起こるかは、できるだけ成り行きに任さねばならないことである。そうすると前節の皆藤が被験者の描いた川に砂漠を感じるようなことが起こる。自律訓練の受動的注意集中に似たプロセスである。

この場合大切なことが、そこで起こることはクライエントとともにいるからこそではあるが（そのことの意味は次章で論じる）、徹底的にカウンセラーの体験であることである。クライエントのなかに何が起こっているかではなく、カウンセラーのなかで起こっていることにカウンセラー自身がどれだけ敏感でありうるか、ということである。初心のスーパーバイジーに口を酸っぱくして言い続けて、なかなか納得してもらいにくい方法ではある。

以上が本章でいう思考的共感のプロセスである。これでかなりのクライエントがかなりよくなる。多かれ少なかれ凍《い》てついた感情機能が活性化するからである。しかしこうしたやり方には決定的な限界がある。

第五節　その限界

限界というのは、このやり方が直接クライエントにぶつかることをしないことである。やはり小説や芝居を観ている場合を例にとろう。われわれは大抵の場合に主人公に自分を重ね、その喜びや悲しみに一喜一憂する。時には涙が出るほど感動したり、深い思いに沈んだりする。しかしその場合、主人公の感情が観ているわれわれに直接向けられることはない。われわれは安楽椅子《いす》に座り、コーヒーなどすすりながらゆったりした気分で興奮している。

カウンセリングの場合も同じである。クライエントはいままで気づかなかった身内への怒りや感謝や気持ちを吐露して涙を流す。身につまされてもらい泣きしたくなることさえあっても、その気持ちが直接カウンセラーに向けられることはない。だからカウンセラーは、「よくもそんな状況でここまでやって来られましたねえ」とか何とか感心しておればすむ。しかし実際のカウンセリングはそれだけですまない。カウンセラーもクライエントも二人して向かいあっている以上（私は対面式のカウンセリングを行っている。今まで数人のユング派の分析を受けたがすべて対面式であった）、初回からお互いに影響されあっている。村本[6]はそれを、犯し犯されあっているとさえいっている。事実、クライエントの性別、年齢、服装、話しぶり、社会的背景などによって、カウンセラーである私の構えはそれだけでかなり違う。ただしそれらについては次章で考える。それはあらゆるカウンセリングに多かれ少なかれつきまとっているから、それ抜きのカウンセリングなどありはしない。しかし本章ではあえて思考的共感に絞って考えている。そしてそれだけでもある程度の効果を期待できる。それはなぜなのかを考えるのが本節のテーマである。

ここでカウンセラーは、専門的訓練を受けているので通常の人よりもコンプレックスが豊かである、と仮定される。豊かというのは、コンプレックスにいかれているのではなく、ある程度意識化されているので、短所ないし欠点としてはさし当たってどうしようもないが、少なくとも当人がその存在に気づいている、という意味である。意識の場でいえばAB領域にある、ということである。だからクライエントの話（だけではないが）がそのあたりに触れてくると少し心が疼《うず》くのである。第三節のツクヨミ・コンプレックスでいえば、それが布置される。しかしある程度わかったところがあるので、アマテラスの話を聞きながらスサノオのことを思ったりもできる。だから失恋話を聞いて自分の失恋話（それはそれで大事なことである）を直線的にもち出すのとは少し違う。包みこむ、あえていえば映し出す（返す）のである。

そこで同じようなコンプレックスがクライエントのなかにも布置される。あらゆるコンプレックスはあらゆる人間に普遍的かつ本質的だからである（これが一点に収斂《しゅうれん》される感じを伴うからややこしい。ピンとくる求心的な広がる感じがあるからである。いろんな人が、たぶん同じ心の動きをさまざまに言い表している、と考えている）。ただし通常、クライエントがそれを明確に意識していることはない。意識の場でいえばCD領域で感じるのである。無形《むぎょう》のツクヨミが一挙に既知の自我領域に侵入することは、多くの場合、その領域の解体と破壊をもたらすことはすでに述べた。漠とした不安のごときものが共通感覚のレベルで感じられている。その際クライエントに、カウンセラーがそれについて知っているらしい、自分の不安が危険ではあっても決して異常なものではない、と感じられるか否かが重要である。

それは、カウンセラーがツクヨミ・コンプレックスにどれだけなじんでいるかによって決まる。皆藤の例が示すように、臨床の場におのれをさらすことは、何が起こるかわからないプロセスに自分を任せる一面を含む。だから彼は被験者の描く川が砂漠としか感じられなかった。もっとも皆藤自身指摘しているように、風景構成法にカウンセラーが枠を描きこむことは、クライエントを守る（と同時にコントロールする）だけでなく、カウンセラーをも守っている。この範囲内の私、これがここでの限りある自分のすべて、それがどのように切り裂かれてもうけとめる覚悟の表明であり、すべてを投げ出すわけではない。

クマ祭りでの忘我体験は、共同体の枠によって守られている。参加者たちはそこで何が起こっているのかほとんど気づいていない。祭りは象徴的レベルの体験であり、初恋の男女が恋人のなかに理想的なおのれの異性像を体験していながら、実際には相手の現実の姿に恋いこがれるように、実際にはクマの供犠であり共食に違いないのだが、象徴レベルでは祖霊との一体感、はじめの時への帰還を生きているのである。それが共同体全員の総意のもとに行われている以上、忘我体験もその枠に納まり、呑《の》みこまれるような不安よりも、包みこまれている安心感ないし文字通りのリ・クリエイティヴな効果をもつのである。

遊戯治療の場合にも、時にあまりに凄《すさ》まじい子どもの破壊的行動に、若いセラピストが立ちすくむようなことが起こる。この場合も禁止した方がよいのか、遊びを続ける方がよいのかは微妙である。しかし相談機関がありプレイルームがあり、いつでも子どもの行動を禁止できるセラピストのともにあることが、子どもにとって大きい保護的な枠を提供している場合がある。

しかし子どもに限らず、カウンセリング場面でのクライエントの激しすぎる感情表出は、単にクライエントの攻撃性なり衝動性が露呈されたというよりも、大抵の場合、カウンセラーに向かっての自己表現、コミュニケーションである。わが国のカウンセラー全体を通じて、思考的共感には比較的長《た》けている人も、次章で述べる感覚的共感を苦手とする人は意外に多い。思考的共感はどちらかといえば第三者的共感である。精神分析になじ感覚的共感とはクライエントのカウンセラーに直接向けられた感情に共感することである。

んだカウンセラーには、転移・逆転移として早くから気づかれていた現象であるが、分析のアルファーでありオメガであるといわれ多くの議論が重ねられながら、いまだに決着がついたとは思いにくい。しかしそれは、多かれ少なかれカウンセリング場面につきものの現象であり、避けて通るわけにはいかないと思っている。

第九章

感覚的共感

9

第一節　意識と無意識

　ここで本書でいう意識と無意識について少し整理しておく。そもそもの始まりは、第五章の図1（九四ページ）に示したクームズとスニッグ[1]による現象的場である。ロジャーズ[2]がこれを知覚の場として引用した。中央に自己概念があり、それをめぐって現象的自己、現象的環境（非自己）の三領域が三つの同心円で示されている。そして自己概念に近い経験ほど明確に意識され遠ざかるほどあいまいになる、という。ここで意識はほとんど知覚と同じ意味で使われている。非自己の周辺はしたがってほとんど意識（知覚）されないことになる。彼らの考えは非常に示唆的であるが、現実には、非自己の領域に関わる意識が意識の中心を占めることがある。たとえばゲームに夢中になっているような場合、を説明しにくい。それと自己概念に近いか遠いかを判断する機能が何によるのかの説明もない。

　自己概念そのものがその機能を果たしているとすれば、自己概念はその領域を離れて場全体に広がっていなければならない。われわれがそのつど受けている内外の刺激は無数にあり、その一つひとつについて自己概念との照合を行うとすれば、同心円の中心におさまっておれないからである。これはこの図が現象的場を静的なものとしてイメージしたため、意識の場の動的プロセスに対する関心が薄かったからと考えられる。しかし、場が意識の中心をもち周辺に行くにつれ限りなく無意識に近づく、という発想には捨てがたいものがある。

　図2（一二一ページ）の意識の場（動態）の図は、それを補う意図をもっている。これは意識の場を三角錐

で表した場合の立面図である。その際、一番困ったのが頂点部分である。これは刺激が意識の場に触れる瞬間を表す。だから一点でなければならない。何度も述べてきたように、本書で経験とは、心が外界に触れてはじめて顕在化（意識化）する際の現象ないしプロセス、と定義されている。この心が、意識の場の全体であり潜在的な可能態、クームズとスニッグの自己概念、ロジャーズの実現傾向、スターンの自己感、ウィニコットのほんとうの自分、もっと一般化すれば自己とか自我ということばでいわれてきたもの、と私は考えている。それらについては第五章と第六章でかなり詳しく説明した。

しかし図2でA領域は明らかに面積をもっている。それは、意識の場は場であって束の間の仮象ではないからである。心とは意識の場の全体である。その広がりと深みのすべてで刺激に反応している。クームズとスニッグの図1は、この広がりの部分を説明するのに便利であった。しかも自己概念と、ほとんど無意識に近い周辺部を含んでいる。だから心と外界の出会う最初の瞬間に、すでに比較的意識に近い部分と遠い部分が布置されているのである。

これについては第五章の感覚遮断実験を思い出してほしい。そこで選択的非注意について述べた。われわれは内外の刺激をすべて受けとめないように、ある種のというより大部分の刺激には、選択的に注意を向けていないらしい。しかし漠然とではあるが感じている。感覚遮断実験は視覚や聴覚や触覚など、日常感じていながら気づいていない感覚を遮断することによって、健常者に著しい心的不安の生ずることを明らかにした。もちろんここで注意非注意の選択をするのは心、意識の場全体である。ただしこの、感じているのに気づいていないというのを、意識的とするか無意識とするかはかなり難しい。潜在的可能態と言いながら、百パーセント背景にとどまっているといえないところがある。

だから外界と意識の場との出会いは、映し出すという、かなりあいまいな文学的表現にならざるをえなかった。同時に刺激を受けとめるのは、どんな小さな刺激に対しても全体的な場で受けとめることを示すために、若干の面積を与えざるをえなかった。意識の場の諸部分（？）を表すのにつねにコンプレックスということばをつけたのは、すべてが多重多層の背景と不可分であることを示したつもりである（意識の場は全体的なものであり、必ずしも諸部分に分かれてはいないことを示すために（？）をつけている）。

それと、刺激を受けとめる場合、意識の場は、まずそれが何であるかをわかろうとする。Aの領域は外界との出会いの瞬間、意識的にとりあえずわかった領域である。したがって理論的には束の間の仮象であり、しかし視覚的には領域を示さないと明確にならない。かつ、束の間の仮象ではあっても背景には映し出されている。プロセスを考えずとも、仮象は仮象に違いないが背景を含んでいる。かりにそこでパイプが知覚されても、それぞれの人にはパイプに関わるさまざまな思いがある。そういう思いを本書ではコンプレックスと呼んでいる。その背景を示すためには、この領域に面を与える方がよいと思った。

それと、Aの領域は背景にBの領域をもっている。AがすでにBに映し出されているのである。さらにBはCに、CはDに映し出されている。要するに図の上層にあるものは下のすべての層に映し出されているのである。この映しだしを意識的とするか無意識的とするかは定義の問題であることをしばしば指摘した。だから本書における意識・無意識はそのつどの文脈に応じて、恣意《しい》的に使い分けられているところがある。ただしC領域以下は一応無意識である。

ところで図3（一三三ページ）も意識の場の図である。ただし静態となっている。一見して明らかなように、クームズとスニッグの現象的場の図に酷似している。ただし内容はやや異なる。これは図2（動態）の円錐形を上から見下ろした形にもなっている。しかし静態であるからAは自我、Bは非自我になっている。それぞれクームズとスニッグの自己および現象的自己概念と現象的環境（非自己）に当たる。C以下は図2

の動態と同じである。だからC領域より外側も一応無意識である。二つの図を示したことは、無意識には平面的な広がりの向こうにあるものと垂直的な深い層の二つがある、ということである。たとえばA領域のパイプであっても、パイプ・コンプレックスは平面的に広がっているが、その果てに無意識領域をもってている。しかし「父親の」という刺激が加わると、広がりのもつ多重性を残したまま、父親コンプレックスに映し出され、より深い層につながる。父親コンプレックスはさらに横に広がり縦につながって、意識の場全体に映し返されてとどまるところがない。

だから無意識には平面的なある意味で浅いレベルと、垂直的な深いものとがある。コンプレックスがさらに新しいコンプレックスを布置し、意識の場全体が背景として活性化される。このあたりの意識状態を未分化ながら全体的なものとして、共通感覚としているわけである。その交錯した多重多層的な意識の場を、どちらかといえば平面的に鋭く分析しているのが河合の中空構造であり、垂直的に説明しようとしているのがマイヤーのあげた「地層説」である。この平面的なところと垂直的なところをあわせて説明しようとしたのが、第七章の図4（一五五ページ）、意識の場の構造とプロセスである。

以上、本書における意識と無意識の意味について若干の整理をした。次節以下の説明をよりわかりやすくできればと思ってのことである。

第二節　クライエントの無意識がどうしてカウンセラーの意識に届くのか

カウンセリング場面で、カウンセラーとクライエントの双方がいやおうなしに影響されあっていることはすでに述べた。性、年齢、ことば遣い、身振り、声などあらゆることがお互いに影響を与える。もちろんクライエントは何らかの援助を期待しているし、カウンセラーもそれに応えようとしている。お互いがかなりの程度意図的意識的にそこで何かをしようとしているのである。

しかしそれと同時に、無意図的無意識的なものも洩《も》れ出ている。それらが複雑に絡みあってカウンセリングの場が形成されてゆく。成り行きといってしまえば確かにそういう一面があるのだが、実はこのカウンセラーとこのクライエントが二人して創ったものでもある。そして二人ともがその場に身をさらしているのだから、カウンセラーが中立であることはありえない。つまり、変わるのはクライエントであってカウンセラーは立ち会っているだけ、とすましているわけにいかないのである。

あえていえば、カウンセラーにはこのクライエントに会うことによってはじめて顕在化するおのれの潜在的な可能性を生きる、という決意が要る。それがあってはじめてクライエントも、このカウンセラーに会うことで開かれてくる新しい自分を生きることになる。だからカウンセラーは、クライエントに影響を与えその〝変身〟を期待しているのだが、それは自分自身がクライエントとの関わりを通して新しい自分に気づくことによってはじめてできること、なのである。今までにも何度か述べてきたように、人間は自分に対して心を開いている人にしか心を開くことができない。それはクライエントとて同じである。しかしクライエントに心を開くために、カウンセラーはクライエントとの関わりにおける自分自身にまず心を開かねばならない。ここで「心を開く」という日常語を使っているのだが、この「心」が本書でいう意識の場であり、外的事物（今の文脈でいえばとりあえずはクライエント）に出会ってはじめて顕在化する潜在的な可能態であり、「開く」とは顕在させることなのである。

それを極度に単純化すれば、無意識を意識化すること、になる。カウンセリングの場は、すでに述べたようにカウンセラー、クライエントの意識的に伝えようとするものと無意識的に洩《も》れ出ているものとでごった返している。だから双方ともにその影響を免れることができない。そこで理屈だけのことではあるが、その場に洩《も》れ出したクライエントの無意識がある程度そのままカウンセラーの無意識に入りこんでいる。だからカウンセラーが十分に敏感でありえたならば、自分自身の無意識のなかに溶けこんだクライエントの無意識にある程度気づくことができる。無意識が無意識に気づくというのだから、論理的には微妙なのであるが、ここでの無意識は定義によっては潜在知覚とも識閾《いき》下《か》知覚とも、あるいは第六感、直観、勘とでもいえるもので、意識・無意識の問題は、現象としては同じことが定義によって何とでもなる、時には同義反復を免れない、と以前にも述べてきたことを思い出していただくと有難い。

だからもしカウンセラーがおのれの無意識に思いをこらし、そこにクライエントの無意識を見出すことができれば、カウンセラーはクライエントの、当人がそれと気づいていない無意識に気づくことが可能なのである。ここでもカウンセラーは直接クライエントの無意識に気づくのではなく、まず自分の無意識に開かれねばならない。そしてそこに溶けこんでいるクライエントの無意識に気づくわけである。だからお互いの無意識が相手の無意識に溶けこむだけの濃密な相互作用が前提となる。と、以上述べてきたことが、カウンセリングにおけるカウンセラーのいわゆるコミットメントについていま私の考えていることである。

第三節　カウンセリングにおける相互作用

ここで以上述べてきたことを、図5によってもう少し具体的に説明しておきたい。

図5はもともとユングが「転移の心理学」で示したものにユング派の分析家のヤコビィが手を加え、私がさらに修正したものである。a〜fの六本の線は、カウンセラー、クライエントの意識・無意識のやりとりを示している。カウンセリングの場では、これだけいろいろなコミュニケーションが図のようにすっきりした線ではなく、錯綜した形で入り乱れている。なお神田橋[3]はまったく違った発想からであるが、この図と重なる（と私には思える）医師と患者との相互作用について述べている。以下に一つひとつの線について考えていることを述べる。

まずaについて。これはカウンセラー、クライエントの意識的な相互作用である。その点同意が可能なところであり、いわゆる治療契約、場所、時間、料金などのとり決めが行われる。しかし両者の意図のくい違っていることがあり、ことさら隠される場合もある。しかし少なくともカウンセラーとしては、自分がこのクライエントに何ができるのか、かつ、しようとしているのかを明確にしておく必要がある。そのためにはクライエントが今どんな状況にいるのかを確かめる必要があるし、カウンセラーとして期待している仕事をやりぬくだけの力がクライエントにあるかどうかも知らねばならない。クライエントにネガティヴな気持ちを感じた場合、それをどういう形で伝えるかを考えねばならぬこともある。即座の治癒を期待するクライエントに、それに応えるだけの力のないことを告げるかどうか、告げるにしてもどのようにとか、意識的だから事務的に、というわけにいかぬ場合が少なくない。

次にcとdは、カウンセラー、クライエントそれぞれの意識と無意識の交流である。これについては、意識の場の図4（一五五ページ）が便宜上一本の線で表されていると考えていただいてよい。しかし本書はカ

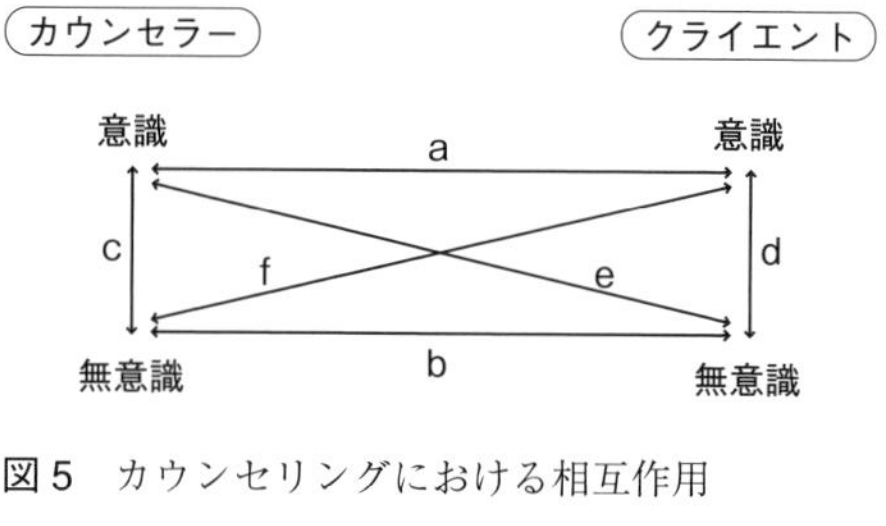

図5　カウンセリングにおける相互作用

ウンセラーのために書かれた本であるから、クライエント（つまりdの線）については必要な場合に触れるにとどめて、主にcについて考えたい。

カウンセラーは面接の場でクライエントからさまざまの刺激を受けるが、カウンセラーとしてはできるだけ第五章で述べた選択的非注意のメカニズムの発動を抑え、いわゆるオープンになるように努めるのが普通である。それがどの程度できているかは問わない。そして便宜上クライエントの話す内容に選択的に注意を絞って考えることになる。喋《しゃべ》っている以上、クライエントはその内容について意識しているといってよい。しかしdの線は、簡単にいえば上から下に順々に無意識の度合いが濃くなってゆく。しかも意識して喋《しゃべ》っている内容が、実はクライエント自身気づいていない無意識の反映であることがある（たとえば山中のいう無意識的身体心像）(4)。

そのプロセスを、前章で述べた中空構造でなぞってみると、クライエントがある葛藤《かっとう》状態について語ったとして、それをたとえばアマテラス的なものとスサノオ的なものとの葛藤《かっとう》とすると、おそらくそれはツクヨミ的な未分化な合体から発している。しかしクライエントはそのことに気づかず、アマテラスないしスサノオ的なものをより明確に描き出し、両者の対立点を鮮明にして弁証法的な解決、むしろそこまでつきつめる以前の、どちらが正しいのか的な解決を目ざしているとする。クライエントの無意識にあるものがdの線を上昇して意識に達し（ただし大幅に変形されていて、クライエントはそれに気づいていない）それがカウンセラーの意識に伝えられている。

ここでカウンセラーが十分に敏感であったなら、クライエントの無意識部分に感応して、ツクヨミ・コンプレックスが布置される。そしてクライエントの力説するアマテラスとスサノオが、ツクヨミの別々に顕在化した相であることが見えてくる。するとクライエントのなかでアマテラスとスサノオの対立する必然性と同時に、両者が二つして一つの全体を作っている布置が見えてくる。もちろんそのためには、カウンセラーもまたcの線、つまりおのれの無意識の層を下りてゆかねばならない。それだけのことを承知してクライエントの話をひたすら聞いていると、つまり何もしないことをしていると（何もしないことと似ているが、実際は物凄《すご》い、おそらく何かをするよりは数倍ものエネルギーを費やす作業であることはすでに述べた）、ということはまさしく無為の神ツクヨミの役割をとっていると、クライエントの意識がカウンセラーのツクヨミ・コンプレックスに丸ごと映し出されてくるのである。それが今まで無意識であったクライエントのツクヨミ・コンプレックスを活性化させる。つまりカウンセラーのコンプレックスがクライエントに同じコンプレックスを布置させる。そうなるとカウンセラーに映し返されることがなくなっても、クライエントは自分自身のツクヨミ・コンプレックスに自身の葛藤《かっとう》を映し出すことができるようになる、あえていえばその程度に意識化することができた、というわけである。

以上は、クライエントの無意識がどのようにしてカウンセラーに意識化され、それがクライエント自身にどう意識し返されるのかという複雑極まりない理論的仮説を、文字通り直線的に単純化して説明したものである。それでもそこにはcdにとどまらず、efの線も関わっている。bに示されるやりとりさえ含まれている。しかしカウンセラー、クライエントの無意識のやりとり、bについては、前の章にとり上げた皆藤[5]の例によって説明する。

それは風景構成法を実験的に施行していて、被験者の描いた川が実験者の皆藤には砂漠としか感じられなかったケースである。この際、施行者被験者の双方が並々ならぬ決意をもって臨んだことはすでに述べた。それは双方ともが、風景構成法を媒介としてこの相手とでしか顕在化してこない自らの可能性を生きようとしていた、ということである。これをaの線、実験者被験者双方の意識的相互作用と考えることができる。

もちろんそれは一つの実験状況である。当然アセスメントとしての一連の手順がある。ところが、それがこうした試みをする場合のお互いの守りになる。先のツクヨミ・コンプレックス説は、説明のためとはいえ少しスマートになった分、安易になっている。この場合は、施行者も被験者もある程度ツクヨミのことを知っている。そのうえであえてツクヨミにより近づこうとしたのである。それでも皆藤は被験者にさし出した白紙に枠（それは被験者の守りであると同時に施行者の守りでもある。後に述べるように、超越者に接触する際の魔法の輪の意味をもつ）を書きこむ際、緊張のため手が震えたという。

それにしても川が砂漠としか感じられなかったのは、皆藤にとってはまったく予期しないことであった。川と砂漠とを包みこむ、あえていえば川を映し出す砂漠が布置されてこない。川が砂漠を潤して豊穣《ほうじょう》の大地に変える、あるいは砂漠のなかで涸《か》れはてて跡形もなくなる、といった知的ないし弁証法的な論理以前の、あるいは以後の、あえていえばクマ祭りの共食宴における共同社会的な守りがあってはじめて象徴的（つまり間接的）に経験しうるたぐいの、つまりはアマテラス・スサノオ以前の無形《むぎょう》のツクヨミの姿に、この程度には触れたということであろう。

逆にいえば、枠があり実験という状況があり、行ける所まで行ってみようとする決意があり、お互いに対する信頼があり、それらすべてが守りとなって、被験者は川を描き、皆藤は砂漠を感じたのである。しかしどうしてそうなったのかについては、両者ともわかっていない。意識的には成り行き、ということは無意識的なやりとり、つまりｂの線の相互作用があり、ａの線でのそれはなかったことになる。もちろん実験中、皆藤は自分の感じを被験者に告げていないし、被験者も差し出された紙に川を描くまでの怖れや躊躇《ためら》いを皆藤に告げてはいない。図式的には、図５の六本の線が目まぐるしく交錯したのは確かであろうが、主たる交流は、施行者、被験者双方の無意識と無意識のとも振れするｂの線のものと考えたい。

以上のような関わり合いが、本章でいう感覚的共感である。相補的なものではあるが、あるいは同じプロセスの両面にすぎないかとも思うが、前章の思考的共感とはかなりニュアンスが異なる。思考の能動性に対して感覚の受動性とつながっている、と思っている。それについてはしかし次節で考える。そのような共感のレベル（?）を考えるようになったのは、共通感覚について考えさせられたのと、感覚は判断機能ではないとするユングの構想に負うところが大きい。

意識を、経験をも含む、心が客体と出会うときに生ずるプロセスないし現象とし、そこから、心を意識する主体であるとする定義を導き出し、さらに感情を、主体が客体を主体との関わりで経験する場合の現象ないしプロセスとするのが本書の立場である。しかも感覚機能は意識の働きの一つでありながら、客体を主体との関わりで判断することをしていない。しかし意識しているということは、主体として対象を客体化しているのである。論理的なその矛盾が、意識なのか無意識なのか判断しかねる、したがって定義次第でどちらにもなる、共感の微妙なニュアンスを捉《とら》えて妙と思った。それが私にとっての感覚的共感の発想の由来である。従来はカウンセリングにおける関係性の問題として、曰《いわ》く言いがたいものとしてことさら説明されてこなかったプロセスではないか、と思っている。不十分な所が一杯残っているのは承知しているが、今後の議論の叩《たた》き台にでもなってくれればというひそかな願いがある。

第四節　遊びと現実

前節で皆藤のケースをとり上げた。そこで強調したかったことは、実験的状況にしろ枠にしろ、それが皆藤と被験者の自分をさらけ出すことを妨げるようにみえて、実は促していたこと、である。それを意識の場の枠組みでいえば、この相手との関わりを通してはじめて顕在化する潜在的なおのれの可能性（それは前章のはじめに述べた心の普遍性に通じる）を生きることに他ならない。皆藤にしてみれば、被験者をうけとめるためにおのれをさし出すのは自分が描いた枠の内においてであって、被験者が枠をはみ出してまでぶつけてくるものすべてをひき受ける用意も力もないはずである。もちろん川の次に被験者の描くべきアイテムが田であることは、二人ともが知っていることであり、それが大地の豊かさを表すものである以上、川を描いた被験者にも描かれた皆藤にも、川の描かれた時点でなにがしか田につながるイメージが布置されていた可能性はある。川が砂漠を潤すにしろ吸いこまれて消滅するにせよ、このことが皆藤の予想していた、画面のひき裂かれることを多少とも免れしめていることに皆藤自身が気づいていたかどうかは別にしても、である。

いずれにしろ、皆藤と被験者との風景構成法の製作場面は、作られた人工的な非日常空間なのであった。むしろ、そこでの非日常体験を可能にするために、ことさら日常的な枠が強化されているのである。その枠に守られてこそ、双方とも非日常体験のなかに飛びこむことが可能になる。古今東西を問わず、われわれがより大いなる者に近づくとき、魔法の輪の内側にとどまることは、不可欠の条件である。ラフカディオ・ハーンの「耳なし芳一のはなし」の場合、魔法の輪（この場合は全身に書かれた経文であったか、と記憶する）からはみ出た耳は武者たちの霊によってひき裂かれ持ち去られた。ゴーゴリの「ヴィー」では、魔物の住む城で一夜を明かした若者は、絶対に目を開けてはいけない（魔法の輪）という忠告を、明け方恐怖のあまり破った途端、怪物の目に捕らえられ殺された。臨床例でいえば、東山[6]はクライエントの両親を自宅に招いてすき焼きの鍋を囲み、こんなおいしい食事ははじめてだという親に定められたカウンセリング料を請求し、それによってやっと親たちと自分との専門的援助関係としての距離を保つことができた、と述懐している。

だからカウンセリングとは、クライエントに非日常レベルの体験を用意するために特別にしつらえられた、不自然で人工的な、あえていえば文化的な場なのである。精神分析療法が厳格な治療契約に則って行われるのも、外的な常識的枠があってこそ、またその枠内においてのみ、非常識な内的探究が可能になる、と考えられているからであろう。なぜそのような非日常的な体験が必要なのかは、後に述べる。

クマ祭りの共食も非日常体験である。これはすでに祭りなのだから、いわゆる祝祭空間ということになる。それによって人々は祖霊と出会い、いわばはじめの時に戻る。中空構造論でいえば原初のツクヨミと合体するのである。しかしここでも厳重な枠がある。まず厳格な祭りの儀式があるし、何よりも共同体全員が祭りについての集合的意識を共有している。その限りツクヨミの無秩序と混沌《こんとん》がそのレベルでは秩序に組みこまれている。場所、手順、時などの人工的な日常性に守られて、非日常、すなわち内外のより大いなるものに触れ、リフレッシュして平板な日常生活に立ち戻る。

亡くなった父のパイプにしても、息子なるがゆえの思い入れには違いないにしても、所詮《しょせん》安物の古いパイプである。息子にしてみればそれが父とのつながり、父の死以前以後の自分の歴史、自らのコスモロジーないしアイデンティティにとって不可欠のものであっても、要するに独りよがりの思いこみである。それが自分は決して独りぼっちでないという安らぎにつながることはあっても、他者と社会的関係のなかに容易に持ち出せるものではない。日常的社会生活という点からは、ほとんど夢想に近い非日常体験であることは弁《わきま》えておかねばならない。

同じく祖母から母、母から娘に伝えられた指輪のかけがえのなさも、客観的にみれば質屋のおやじの評価の方が現実的である。ただパイプの場合と同じく、社会的制約を免れたプライベートな状況でならば、プライベートな祝祭空間を創ることが可能である。もし同じ思いを共有する人たちがおれば、多少儀式ばった形で、パイプなり指輪に思いをこらしたときはじめて顕在化するおのれの可能性に開かれることができる。そうすると今年の儀式が、同じ手順で行われるにしろ、一年の経過が去年のそれとは違った自分自身を開示するかもしれない。

哲学のことはよく知らないので見当違いかもしれないが、弁証法が正反合と展開するのはどうも未来志向のように思われる。正がどうして反になりそれがさらに合になるのかも知らないのだが、ひょっとしたらそれが西欧的合理主義の行き詰まりにつながっているのではないか。本節に述べていることは、はじめの混沌《こんとん》に戻ることによって、あらためておのれのアイデンティティを確認し、共同体（ムレ）の一員として生きる（死ぬ）意欲を新たにする試みのように思えてならない。そしてカウンセリングの目的も、あまりにも先を急ぐことに混乱した人たちに、いずれ死ぬおのれの生にもし意味があるとしたらそれは何か、を思い返す機会を提供することではないかとも思う。

以上のことは、非現実ということでは遊びに似ている。一般通念からいえば、遊びとは仕事の反対概念であろう。しかしいわゆる仕事のなかにも遊びが多く介在していること、むしろ遊びこそが人間の生にとってより本質的なものではないか、というのがホイジンガ[7]の問題提起だったのではないかと思う。それを受けてカイヨワ[8]が遊びの心的性質をより精密に分析し、ウィニコット[9]は遊びこそが人類文化を生み出す原動力とさえ述べるに至った。

演劇で役を演じることは、それがなければ生きられなかった自分のなかの未発の可能性を生きることである、と第四章で述べた。あるいはこの観客を前にしておのずから生じてくる自発的動きは、あの観客を前にするときとは異なる自分の顕現であり、役者と観客との出会いは同じ演《だ》し物でもそのつど異なる、とも述べた。それはスカンディナビアの戦士が戦いに赴く前、人殺し熊のベルゼルガーになり変わる儀式と変わらない。これは本節の文脈では、おのれのなかのベルゼルガーを呼びさますことである。ということは、ベルゼルガーは人間誰しもの心の中の普遍的なコンプレックスということになる。

英語のことはよくわからない。だからプレイとプレイングの意味の差も定かでない（これはウィニコットの「遊ぶことと現実」のプレイングの意味を念頭に置いている）。ところで演ずると遊ぶはどちらもプレイである、その微妙な意味を使い分けるだけの感覚は私に欠けている。それでもあえてこれらをほとんど同じ意味としたうえで、プレイセラピーについて考えてみたい。

遊戯治療では、カウンセラーが遊ばなければ子どもは遊べない。それは第四章で述べた本物性《オーセンティシティ》と関わっている。お守《も》りではあまり効果が期待できない。たとえば子どもが何かを宝物と称して遊戯室のどこかに隠し、「これ今度戻るまでとっといて」と言うことがある。初心のカウンセラーは何でも言うことを聞くことが受容と思い、同時に他の子どもが一週間のうちに見つけてしまう不安に駆られる。ある若いカウンセラーの場合、うやむやのうちその場をやり過ごし、子どもの来る前日にそれを他の子に見つけられてしまったことを知る。もちろんその宝は元の場所に片づけられてしまう。当日になってカウンセラーは、悩んだ末に宝物を隠された場所に戻す。ただし子どもの方は宝物にあまり関心を示さず、一応無難に落着した。

ここでカウンセラーの本物性が問われることになる。プレイルームおよびそこにある遊具のすべてが来談する子どもたちみんなで共有するものであることは、カウンセラーも子どもも知っている。だから自分の宝物を独占的に、他の子どもたちに使えないようにするのはルール違反である。遊びはルールがあるから真剣になれる。三振すると打者交代になるから選手は一球一球に真剣に立ち向かう。ヒットを打つまで待ってもらえるのでは意欲がわかない。プレイセラピーにおけるルール監理の責任はカウンセラーにある。ルールを守らせるにしろ見逃すにしろ自分の責任で決めなければならない。成りゆきに任せるのは葛藤《かっとう》回避であり、本物性を大幅に損なう。

どうすればよかったかは別問題である。そのカウンセラーはうまくとり繕ったものの、そのセッションの間中後ろめたい思いで遊びにうちこめなかった。もし、「そりゃあ面白い。でも他の子に見つけられてしまうかもしれんなあ。何とか見つけられないようにうまい所を見つけなくっちゃ」などと言えば、一緒に遊びを盛り上げられたのではないか、と思う。そして一日前に他の子に見つけられたら、当日、「気になってたので毎日見に来てたんだよ。昨日までは確かにあったんだ。ワクワクしたなあ。それが今日片づけられてたんだよ。誰かに見つけられちまったんだねえ。ほんとガッカリしたよ」などと言えたかもしれない。すると子どもも「そうかあ、ガッカリだよねえ。でももう一ぺん今度は絶対見つけられないようにしようよ」などと、遊びが継続したのではないかとさえ思う。

遊びが本物になるのは、やはりこの子との遊びを通して、自分の潜在的な可能性が「いま・ここ」でしかない形で顕在化する場合に限られるのではないか。そしてこのことはおとなのカウンセリングについても同じなのである。

第五節　意識の場における能動性・受動性コンプレックス

前節で、遊びが本物になるのは、カウンセラーがこのクライエントとの「いま・ここ」にしか顕在化しないおのれの可能性を生きるとき、と述べた。前節の子どもの例でいえば、おそらく子どもには宝物の遊びをカウンセラーとさらに続けたい気持ちがある。しかし時間がくるとこの場所は他の子どもに明け渡さねばならない。そこでルール破りを思いつく。来談する子どもたちみんなの共用のおもちゃを自分だけの物としてみんなから隠す。それはカウンセラーとの遊びを二人だけのものとして次回までつなぐ試みでもあったろう。その思いをおそらくカウンセラーも共有している。しかしカウンセラーはルールの監理者でもある。ルール違反をやたらに認めるわけにはゆかない。しかし「隠そう」という子どもの提案は、カウンセラーにはぴったりのものであった（はずである）。「そいつは名案だ」ともし答えておれば、カウンセラーの気持ちはスッキリと弾んだのではないか。

そうして「しかし来週までもつかなあ。絶対に見つからない場所を探さなくっちゃ」などと言えたかもしれない。確かにルール違反なのである。しかしそれは、他の子どもたちへの一種の挑戦になっている。見つかるものなら見つけてみろ、という一種の謎合戦のように。それによって二人の遊びに他の子どもまでひき込んでいるのである。二人だけの秘密をもつことが世界に対する自分たちの立場を築き、それが世界との距離を保たせ、逆に二人だけの世界を世界全体に開いている。それはカウンセラーにとっても、小さな悪が今までもこれからも自分が自分であるためにまあ許せる、少々のおのれの悪にたじろがない自分を、いまあらためてこの子どもと生きる体験なのである。それが遊びである。カウンセラーに守られて、それと意識することなくおのれの悪を生きるのである。

河合(10)は、昔の柿泥棒の明るさと今のスーパーの万引の暗さを対比している。昔はおとなたちが、仕方のないガキどもだと、暗黙のうちに認めていたのである。おとなたちがおのれの悪をやむなく認め、一定の枠内に囲いこんでいたからこそできた。その代わり枠を越えた悪には子どもだからといって容赦しなかった。それで子どもたちは悪にいろいろのレベルのあるのを知る。いま親たちはおのれの悪を認めるだけの器を失い、子どもたちのいささかの悪も許すことができない。だから子どもたちには善と悪しかない。オーバーにいえば虫けらを殺すのも人の命を殺《あや》めるのも区別できないのである。

ところで先の若いカウンセラーの場合、もし以上述べたようなプロセスが生じるとすれば、何が起こったからなのであろうか。表層的にみれば、事の成り行きからそうなった。カウンセラーは意図的には何もしていない。子どもの提案を面白いと思いそれに乗っただけである。その限り無意識的、である。少なくとも先に述べたような小理屈は思いもよらず、その場の雰囲気に従ったにすぎない。しかしそれまでのプロセスで、実はいたずらコンプレックス、ルール破りコンプレックス（善悪コンプレックスのヴァリエーション）が布置されている。全体としては子どもコンプレックスか。実は同じようなコンプレックスが子どもの方にも、もっと意識から遠いところに布置されている。もちろん子どもは気づいていない。しかしそれ以前に、遊びコンプレックス、友だちコンプレックス、それにプレイルーム・コンプレックスが布置されている。それらを踏まえてカウンセラーのなかにスターン(11)のいう情動調律が生じた。

これも意識というか無意識というかは例によって定義の問題である。しかしクライエント、カウンセラーとも、内なる促しに受動的に従ったことは間違いない。それを受動的とすれば、これは皆藤が被験者の描いた川に砂漠を感じた双方の無意識同士の交流と同じ、と言えなくもない。しかしそれらのコンプレックスすべての上（下？）に、カウンセリング・コンプレックスが重なっている。かなり意図的ないし意識的な役割コンプレックスである。カウンセラーにはクライエントをよくする、クライエントには自分がよくなるという課題意識（無意識？　あるいはコンプレックス？）である。

この、関係に任せるという受動性とそういう関係を創ろうとする能動性が、分かちがたく混じりあっているのがカウンセリング関係なのである。そこに布置されるもろもろのコンプレックスをしいて能動性、受動性によって分けたのが、次に示す表1である。

大ざっぱにいって、上段が比較的無意識に近い。すでに説明した遊びや非日常性はこちらに入る。しかしこれらは弁証法的な対立概念ではなく、同じ現象の違った現れないし相《アスペクト》にすぎない。たとえば「いま・ここ」の生の意味が死＝消滅を含んでいるからこそ、かけがえのない喜びをもたらすように、である。まかり間違うと絶望的なニヒリズムに陥る。全体的には上段が混沌《こんとん》、未分化、コムニタス、潜在的なものを表すのに対して、下段は秩序、分化、構造、顕在的なものを示している。あえていえば、下段は意識の場におけるＡＢ（意識的）領域、上段はＣ以下の無意識領域にあるコンプレックスである。多重多層の構造をもつうえに流動的であるから、上下の層がたとえばマイヤーの示した地層図のように整然と連なっているわけではない。

ところでクライエントと呼ばれる人たちは、表1の上段を十分に生きてこなかった人たちといえる。だから現実的には比較的成功した人が多い。もっとも昨今多く見られる、おとなになる課題につまずいて思春期、青年期の問題をそのままひきずっている人のことは承知している。当初は現代青年論に一章を割くつもりであったが、そのための紙数がなくなったので今回は触れることができない。いずれにしろクライエントたちはＡＢの領域つまり理

表1　コンプレックスの分類

	受動性	能動性
1	感覚	思考
2	自然－自由	文化－枠
3	コムニタス－混沌	構造－秩序
4	欲求充足	役割
5	普遍性－仲間志向	個別性－個人志向
6	非日常	日常性
7	遊び	仕事
8	潜在的	顕在的
9	自発性	協調性
10	衝動的	理性的
11	内容	形式
12	主観的	客観的
13	調和	競争
14	女性的	男性的
15	大地	天空
16	死	生
17	からだ……	ファントム……
……	……	……

解可能な世界を押し広げ、その代わりCとの境界Iを厚くしてわけのわからないものの侵入をくいとめることで、現実適応をはかってきた人たちである。いわゆる西欧的合理主義、カウンセリングの領域ではエビデンス・アプローチに則ってきた人たちといってよい。だからこれらの人たちに対しては、C以下の領域、表1でいえば上段のコンプレックスに気づいてもらう必要がある。

それがどのようにして行われるのか。これも今までの説明に従えば、クライエントにおける下段のコンプレックスをカウンセラーの上段のコンプレックスに映し返すことによってである。もっといえば、たとえば3のコムニタス－構造の場合、カウンセラーのツクヨミ・コンプレックスに、カウンセラー自身のコムニタス・コンプレックスを映し（重ね）、ついでそこにクライエントの構造コンプレックスを映し返す。つまりツクヨミ・コンプレックスを通して、クライエントの構造コンプレックスをカウンセラーのコムニタス・コンプレックスに映し返すのである。それらは無意図的、無意識的なカウンセリング関係の成り行きとして起こるのであるが、背景にはカウンセラーの意図的、意識的な役割コンプレックスが布置されている。

役割については第四章でかなり詳しく論じた。これは表1では4の下段に配置されている。上段は欲求充足である。人間も生物であるから生きてゆくためにはさまざまな欲求が充足されねばならない。それがないと生の躍動感が失われる。そのためわれわれはさまざまな対象に欲求を感じるように作られている。次節でも述べるが、われわれにとって異性は多かれ少なかれ性的欲求を触発する対象である。これは対象がクライエントであってもカウンセラーであっても変わらない。だからカウンセラーがクライエントに性的欲求を感じるのは当然のことである。しかしわれわれが構造・役割の世界に住んでいる以上、欲求充足はその枠内で満たされなければならない。そうでないと構造・秩序の世界が崩れ、われわれは一挙にコムニタス－混乱の世界に転落する。われわれになじみのことばでいえば、理解（したがって対処）可能な意識的世界に不可解な無意識世界のエネルギーが闖入《ちんにゅう》し、方向性の喪失、場合によっては人格の崩壊現象さえ生じかねないのである。

本節のはじめに遊戯治療場面にかこつけて、よい悪いはともかく、昔の柿泥棒の明るさと今のスーパーの万引の暗さについて触れた。小さな悪になじまない子どもたちにとって、悪はすべて悪そのものである。悪に柔らかみがない。悪はあってならないものであり、ましてやおのれの内にある、ある意味で本質的部分である、などとするのはもっての外のことだからである。その分、悪に対する許容性（なかば諦《あきら》めに近いのだが）がない。だからその顕現は子どもたちを圧倒し、しばしばおとなたちまで途方に暮れさせる。それは無《む》形《ぎょう》の神ツクヨミに直接触れることである。だからこそわれわれは祝祭空間を必要とする。カーニヴァルや前章で述べたクマ祭りは、そのための間接化の手続きに他ならない。そしてカウンセリングとはそのような非日常的、遊び的祝祭空間であり、カウンセラーは、そうした祝祭の司祭役なのである。

クライエントは、意識の場の図2〜図4にあるIの部分、つまり意識・無意識を隔てる厚い壁（もちろんこれが単なる比喩《ひゆ》にすぎないことはおわかりいただけていると思う）に阻まれて、内なる未発の可能性を十分に生きていない。だからカウンセラーの役割はこの壁をさらに押し下げて、意識の領域を広げること（そういう場合もある）だけではない。壁の上下の疎通性をよくすることなのである。表1の上段は、意識の場の壁以下の領域と必ずしも対応していない。しかし主としてそこにあると仮定するさまざまなコンプレックスを列挙したものである。多くの場合、未発の可能態として背景にとどまっている。ただし上段だけでまとまっているのではなく、つねに下段（現実意識）とセットになっている。だから下段のコンプレックスは上段のコンプレックスと分かちがたくつながっている。その水路づけがカウンセラーの仕事である。そのためにカウンセラーは、おのれのコンプレックスについて少なくともクライエントよりは深く広い知恵を備えている必要がある。私の場合、それが自然科学的心理学というよりも、人文科学的心理学に基づくささやかな教養であったことはすでに述べた。

なお、17のからだとファントムは神田橋の用語である。神田橋のからだは私のいう心に近く、ファントムは心身という場合の心に近いところがある。心の無意識的機能と意識的機能とがそれぞれからだとファントムとして表現されているのだと思っている。誤解を招かないためというより、カウンセリングに携わる人間はどうしても似たようなことばを使うことが多いので、そのような例の一つとしてとくにとりあげた。

第六節　転移と逆転移

転移については以前から疑問に思っていることがあった。つまり、はじめての人に会った際、われわれが過去の人間関係を参考にするのは当然のことと思うからである。日本語には一期一会ということばがある。たとえこれ一度きりの出会いであっても、だからこそ独自の意味をもつ、という意味であろう。その際、過去の人間関係はずい分影が薄くなる。人生早期の人間関係がその後の人間関係のもち方に影響を及ぼすのは避けられない。しかしいま現にこの人と会っている、その人との関係が決定的に過去の人間関係に左右されているとすれば、本書で論じてきた、おそらく人間だけに独自の主体性の感覚とは一体何であったのか、と疑問に思わざるをえない。

私自身、人間は主体的存在であらざるをえないと考えている。主体的なありようを放棄するというそのときでさえ、そのように決めるのは主体だと思うからである。前節の表1で、5、普遍性-個別性の対《つい》を示した。これはあらゆる人間にはアプリオリに普遍的な特質が備わっていて、多くは潜在的な可能態として背景にとどまっているが、にもかかわらず、つねに個々人の個別的状況に応じて顕在化する、という意味である。それぞれに仲間志向－個人志向というおまけがついているのは、生来ムレを作る動物として仲間に対して特別な感応性を有することと、にもかかわらず、お互いが別個の存在であると認めあっていることを表したつもりでいる。前者が相互理解ひいては共感を可能にする。個々に顕在化した個別性の底にある潜在的な普遍性を通して、である。

個々人は個々の状況を主体的に再構成する。創造するといってよい。もちろん過去の経験は最大限に生かされる。しかし状況は内的にも外的にも刻々に変化する。本書の定義では、経験とは心が外的事物に出会うとき生じる現象ないしプロセスである。時々刻々に変化する対象との出会いによって時々刻々に潜在的な可能態が顕在化する。もちろんくり返しの部分はある。表1でいえばそれが下段に並べられたもろもろのコンプレックスに関わる。しかしそれとても上段とのたえ間のない相互作用により、まったく不変というわけではない。

しかしいわゆる転移関係は、カウンセリングの場に必然的に生ずる相互作用を、ほとんど母子関係に還元してしまっているように思える。だからカウンセリング関係は偽りの、少なくとも二次的な関係であり、本来の母子関係を再現することがカウンセリングのさし当たっての目標であるかのような印象を受ける。もっとも本来のその母子関係にあった歪《ゆが》みを、転移関係を通して修正するのが〝本来の〟の目標ではあるらしいのだが。

しかし私は、カウンセリング関係も含めて、あらゆる人間関係ににせの関係などありえない、と考えている。相手を欺こうとする関係があっても、それはそれで本物の関係と思う。第四章で役割の本物性《オーセンティシティ》について述べたけれども、たとえばいわゆるダブル・バインド現象にしても、当事者間の本物《オーセンティック》の歪《ゆが》みなのであって、別の関係が当事者間の「いま」の関係にとって代わったものとは思えない。だからカウンセリング関係が歪《ゆが》むことは十分ありえても、それを母子関係の歪《ゆが》みが再現したものとはとても思えない。

むしろ、カウンセリング関係で生じた歪《ゆが》みに双方が気づいて、「母子関係も含めて、あなたの、あなたにとって重要な他者との関係には、いま私たちの間で起こったのと同じような歪《ゆが》みがしょっ中起こっていたのではないか」と問い返す方が、「いま二人の間で起こっていることが、あなたのお母さんとの関係の再現なんですよ」というより真実に近いと思う。たとえば、カウンセラーがクライエントに過大な期待（たとえば即座の治癒。クライエントの役に立ちたいという気持ちのあまり、それと気づくことなく、カウンセラーが万能のセラピストのポーズをとることによってひき起こされる）を抱かせてしまい、結局クライエントを裏切るような場合である。

いわゆる転移性恋愛については第七章で少し触れたが、私にはそれがどうして「転移性」と呼ばれねばならないのか、理解できない。表1の4は欲求充足–役割となっている。われわれは好ましい異性に出会えば自然に性的欲求を触発させられる。それはカウンセリング場面においても同じである。しかしカウンセラーはカウンセラーという役割を通してクライエントに会っている。つまり、少しでも早く関係を終えるために会っている。関係そのものが目的なのではなく、クライエントが納得できる生き方を見つけるという目的達成のための手段だからである。クライエントに性的魅力を感じることはあってもよい。そのことをクライエントに告げる場合があってもよいかもしれない。人間、というより生物、の本来のありように気づくことは、カウンセリングの目的の一つでもあるからである。しかしそれを、カウンセラーの役割を通して行わねばならない。花嫁の父が娘にするように、あるいは友人の配偶者の（性的）魅力をある範囲内で賞讃することがむしろ礼儀とされているように、である。

日常の恋愛関係にも進行がある。まず魅力的な異性に出会う。そこからいわゆる恋の駆け引きが始まる。ネコの恋にもペンギンたちの恋にもみられる現象である。そして合意が成立する。その際、人間も動物たちも種に定められたやり方か個別的状況に則ってかは別にしても、恋人役割をとる。カウンセラーは、通常魅力的な恋人対象たりうる資格をもっている。だからクライエントが、可能ならば恋人にしたいと思うのはむしろ当然のことである。そこで恋の駆け引きが始まるのだが、先に述べたように、カウンセラーは別れるためにクライエントに会っている。恋人役をひき受けるわけにいかないのである。にもかかわらず恋に落ちる場合がある。社会的に望ましくない形で、である。しかしこれは、日常の恋愛場面でもしょっ中起こることである。そうなればカウンセリング関係は終わり、通常の恋愛関係に移る。そこで生ずるかもしれないゴタゴタはカウンセリングとは関わりない恋愛騒動にすぎない。

本節で一番言いたかったのは、表1の4、欲求充足－役割についてであった。それがはからずも従来から抱いていた転移・逆転移論への疑問と重なった。そこでの結論は、転移、とくに逆転移とは、カウンセラーがカウンセラーとしての役割を逸脱しただけのことではないのか、ということである。本書の全体は、カウンセラーはクライエントに何をするのか、を私なりに明らかにすることを目ざしている。それが、クライエントの感情機能の活性化であることは第七章で述べた。それがカウンセラーの感性、つまり共感を通して可能となることを説明したのが第八章と第九章である。共感を思考的共感と感覚的共感に分けたところに新味があるかもしれない。要するに意識の場理論にまつわる考えを述べたのであるが、それが転移・逆転移論に結びついたのにいささか満足している。

あとがき

河合隼雄先生がお亡くなりになった。本書にも先生について少し書かせていただいている。まだまだやりたいことがおありとお見受けしていた。公私ともに大きな支えを失って呆然《ぼうぜん》とした感じである。多くの方がすでに多くの思いを語られている。心よりご冥福《めいふく》を祈る他にことばもない。この本をお読みいただければ何と仰言《おつしや》るか。詮《せん》ない思いである。

お読みくださった方にはおわかりのことと思うが、この本の趣旨は、結局、カウンセラーは何をしているのか、という疑問に尽きる。近ごろとみに思うのは、カウンセリングが人間の悩みや苦しみをすっかり取り去ることはできない、という簡単な事実である。本文でもとりあげたフランクルの、ノイローゼが治るとは苦悩する能力を甦《よみがえ》らせることである、ということばは、その限り至言である。ボーヴォワールによれば、人間には、老いと死をその時が来るまでほとんどひと事と考える傾向があるらしい。私自身は老境に身を置いて、もはやひと事と感じられない状況にある。ボーヴォワールが「老い」を書いた年よりも十五年以上老いている。そして日に何度かおのれの死に気づかざるをえない。このビルは三年後に完成するとか、次のオリンピックはいつどこでなどのニュースに接する度に、である。こうしてだんだん諦《あきら》めていくのか、と思ってはいるが、決して愉快なことではない。

しかし、かりに不老不死が実現したとして、はたしてわれわれは幸せでありうるのだろうか、とも思う。食べる物も着るものも住む所もすべて自由に提供される社会で、われわれは毎日遊び惚《ほう》けて暮らすのだろうか。たぶん退屈で、死んだ方がマシと思うのではないか。ことさら苦痛を求める冒険が流行するかもしれない。それでも死ぬことができないとすれば、冒険が冒険にならない可能性がある。若さも生命もやがて移ろい失われるからこそ、「いま、ここ」のかけがえなさが感じられるような気もする。

逆に、私には四十代の初め飛蚊《ひぶん》症の症状が出て、医師がはっきり説明してくれなかったせいもあって、本気で失明を心配したことがある。そのとき思ったのは、せめて片目でも残ってほしい。本が読めなくてもよい。何とか立居ふるまいができる程度の視力が残ってくれればよい、ということであった。普通に見えることがどんなに有難いことかを思い知らされた。日常の心配事はそのことの前ではあらかた消し飛んでしまっていた。大丈夫とわかって、たちまち未練がましい元の木阿彌《もくあみ》に戻ってしまったけれども。

ここで言いたいことは、普通に生きていることがどんなに恵まれた状態であるか、ということである。生きる以上、老いと死に限らず苦しみは多い。もちろんことさら苦しむ必要はない。しかし生きている以上、あらゆる苦しみを逃れることはできないのではないか。先に述べたように、人間は苦しみのない状態を苦しむことさえするものだからである。ここで人間存在の哲学的問題に入りこむつもりはない。生きることが苦しみに満ちたものか、かつ、それにもかかわらず生きるに値する有難いものなのかは、生きている限り誰しもに通じる答えがないということである。

もちろん本人か周囲の人か、あるいはその両方の苦しんでいる問題は少なくない。できればそれを無くす、または和らげることは大いに望ましい。身体病のことを考えればそのことはすぐにわかる。しかし、苦しみをとることだけを目ざしていてはほとんどお役に立てないクライエントが大勢おられる。普通に生きるのが一番よいんですね、と普通ならざる人生を生きてこられた方が述懐された。だからといって普通では納得できない方もたくさんおられる。ひたすら健康を目ざし、病院回りに明け暮れる、いわゆる健康病患者のお年寄りも少なくない。それと、まったく異常がないのはすでに異常であるとする主張もある。

それらの問題に対応するために、カウンセリングのさまざまな技法が工夫され、それらを裏づける考え方が練り上げられ、それなりの成果もあげてきた。そしてこの方法こそ絶対とする主張も跡を絶たない。どの方法にしろそれだけに打ちこんでいると、そうしないと現れてこない局面が見えてきてついそんな気になるらしい。しかし単純に精神分析と行動療法を考えてみても、やり方やよって立つ理論的基盤はまるきり違う。ただ出版されたものを見る限り、それぞれが否定することのできぬ治験例を競っている。効用もあるが限界もある一つのやり方にすぎないと謙虚に語られたものも、これこそが唯一最善の方法と高らかに宣言されているものも、どちらの側にも言い方に色合いの違う主張が混じっているにしても、である。

本書は、こうした多様な問題に対する現時点での私なりの考えである。もとよりこれで十分とは考えていない。しかし、まったく中央と関わりがなかったとはいえないが、どちらかといえば片隅でコツコツ素人っぽい実践に携ってきた人間の経験が土台になっていることは間違いない。そしてカウンセリングとは、クライエントが自分なりに納得できる生き方を見つけるのに役立てば十分、というよりそれしかできないような気がしている。

本シリーズの執筆を薦めていただいた京都大学の皆藤章教授に感謝したい。おそらく書きおろしの本を書くのはこれが最後になると思っている。また汚い手書きの原稿をきれいに作ってくださった編集の松山由理子さんの労を犒《ねぎら》いたい。本書の書名は彼女のアイデアである。私としてはわが意を得た思いであった。南口雄一さんには乱雑な原稿を私が驚くほどきれいに拾っていただいた。それと児島雅弘氏にもいろいろお世話になった。あわせてお礼申し上げる。

平成十九年九月十四日

氏原　寛

［追記］

あとがきの日付けを今日に書き替えてくれないかとの要請を出版社から受けた。そうしようかとも思ったが、やはり、以前に書いたものを今の日付けにするのに抵抗があった。私ほどに馬齢を重ねても、ほんの少しずつ考えが変わっているからである。本書でいえば、動物に感情があるのかということが、わり切れぬままであった。今、それが解決しているわけではないが、本書で述べたような、対象を主体との関わりで捉《とら》えたとき生ずる心的プロセスだけでない、本能的な、原初的とでもいうべき感情（人によっては情動ということばを当てている）があるのではないか、と思いはじめている。そういうところが本書にはいくつかある。だから本書に述べたことは、私としては精一杯の作業には違いないのだが、一つの通過点であることを知ってもらいたい。それでどこに辿《たど》りつくかのあてはないのだが、日々新たな思いに意欲を燃やし続けている老書生のいることを知っていただきたく、あらためて今日の日付けで追記させていただいた。まえがきとあとがきと追記の日付けのそれぞれが異なる、微妙な仕上げになっていることをご了承いただければ嬉《うれ》しい。

平成二十一年二月九日

氏原　寛

文献・注

第一章

（1）一丸藤太郎（編著）『私はなぜカウンセラーになったのか』創元社、二〇〇二年。
（2）氏原寛「偶然だから必然なのか」一丸藤太郎、同上書、六三―八二頁。
（3）C. R. Rogers（1942）*Counseling and Psychotherapy*. Houghton Mifflin.
（4）C・R・ロジャーズ（友田不二男訳）『カウンセリング』岩崎書店、一九五六年。
（5）C・R・ロジャーズ他（伊東博訳編）『カウンセリング論集1～4』誠信書房、一九六〇―一九六五年。
（6）C. H. Patterson（1969）What is counseling psychology. *Journal of Counseling Psychology*, **16**（1）: 20–29.
（7）野島一彦「ロジャーズ学派」氏原寛・成田善弘（編）『カウンセリングと精神療法』培風館、一九九九年、四八―五八頁。
（8）氏原寛『カウンセリングと教育』立教書院、一九六八年。
（9）氏原寛「自己理論に関する一考察――とくにPhenomenal fieldについて」『臨床心理』（関西臨床心理学者協会発行）五巻一号、一九六五年。
（10）氏原寛「Phenomenal fieldについての試論」『臨床心理学研究』六巻三号、一九六七年、二〇―二九頁。
（11）V・W・ターナー（冨倉光雄訳）『儀礼の過程』新思索社、一九九六年。
（12）氏原寛『カウンセラーは何をするのか――その能動性と受動性』創元社、二〇〇二年。

第二章

（1）氏原寛「臨床心理行為について」氏原寛・田嶌誠一（編）『臨床心理行為とは何か――心理臨床家でないとできない

こと』創元社、二〇〇三年、一八―二四頁。
（2）神田橋條治『「現場からの治療論」という物語』岩崎学術出版社、二〇〇六年。
（3）氏原寛「臨床心理学的地域援助」氏原寛・成田善弘（編）『コミュニティ心理学とコンサルテーション・リエゾン』培風館、二〇〇〇年、二―一七頁。
（4）川戸圓「分析家への旅――ユング派のトレーニング」『ユング心理学資料集』山王出版、一九九〇年、二七―三六頁。
（5）馬場謙一「カウンセリングの拡散と不在」『精神療法』三七巻一号、二〇〇七年、一三七頁。
（6）藤山直樹「巻頭言」『上智大学 臨床心理紀要』二九巻、二〇〇六年、一―二頁。
（7）Rogers, *op cit.*（第一章3）。
（8）F・H・エレンベルガー（木村敏・中井久夫監訳）『無意識の発見――力動精神医学発達史』〈上・下〉弘文堂、一九八〇年。
（9）丸田俊彦『サイコセラピー練習帳――グレーテルの宝捜し』岩崎学術出版社、一九八六年。

第三章

（1）ターナー、前掲書（第一章11）。
（2）大塚義孝「臨床心理学の歴史と展望」氏原寛他（編）『心理臨床大事典』培風館、一九九二年、七―一七頁。
（3）品川不二郎（編）『教育相談の実際』日本文化科学社、一九六二年。
（4）渡辺雄三『開業心理士の仕事場とその時代――一九九六年―二〇〇七年』私家版、二〇〇八年。
（5）河合隼雄『ユング心理学入門』培風館、一九六七年。
（6）河合隼雄『カウンセリングの実際問題』誠信書房、一九七〇年。
（7）C. R. Rogers（1951）*Client-Centered Therapy*. Houghton Mifflin.
（8）氏原寛「共感的理解と診断的理解」氏原寛・村山正治（編）『カウンセリングマインド再考』培風館、二〇〇一年、一―一六頁。

(9) 丸田俊彦・森さち子『間主観性の軌跡』岩崎学術出版社、二〇〇六年。
(10) R・D・ストロロウ他（丸田俊彦・丸田郁子訳）『間主観的な治療の進め方』岩崎学術出版社、一九九九年。
(11) 伊谷純一郎『ピグミーとゴリラの森』岩波書店、一九六一年。
(12) 村瀬孝雄「被験者が自己解釈を行った一症例」片口安史（編）『ロールシャッハ法による事例研究』誠信書房、一九七〇年、一〇一―一一九頁。
(13) 山本和郎「診断的理解と治療的理解の本質的相違と両者の関係について――TATのかかわり分析への出発点」『心理学評論』八巻、一九六四年、一八八―二〇五頁。
(14) D・W・ウィニコット（牛島定信訳）『情緒発達の精神分析理論』岩崎学術出版社、一九七七年。
(15) 松木邦裕『摂食障害の治療技法』金剛出版、一九九七年。
(16) 下坂幸三『心理療法の常識』金剛出版、一九九八年。
(17) 深町建『摂食異常の治療』〈正・続〉金剛出版、一九八七・一九八九年。
(18) 河合隼雄『おとなになることのむつかしさ』岩波書店、一九八三年。

第四章

(1) E・H・エリクソン（仁科弥生訳）『幼児期と社会』〈1〉みすず書房、一九七七年。
(2) 山川菊栄『武士の女性』三国書房、一九四三年。
(3) プルタルコス（青木巌訳）「リュクルゴス傳」『史料世界史51』東京大学出版会、一九七六年。
(4) Rogers, *op cit.*（第一章3）。
(5) K・ローレンツ（日高敏隆・久保和彦訳）『攻撃』〈1・2〉みすず書房、一九七〇年。
(6) K・ローレンツ（日高敏隆訳）『ソロモンの指環』早川書房、一九六八年。
(7) J・ホイジンガ（高橋英夫訳）『ホモ・ルーデンス』中央公論社、一九七一年。
(8) R・カイヨワ（清水幾太郎・霧生和夫訳）『遊びと人間』岩波書店、一九七〇年。

（9）Ｄ・Ｗ・ウィニコット（橋本雅雄訳）『遊ぶことと現実』岩崎学術出版社、一九七九年。
（10）Ｖ・フランクル（霜山徳爾訳）『夜と霧』みすず書房、一九六一年。
（11）Ｈ・Ｊ・アイゼンク（岩脇三良・清水秀美・千原孝司訳）『世間知の心理学』誠信書房、一九七七年。
（12）Ｅ・Ｈ・エリクソン（星野真賀子訳）『ガンディーの真理』みすず書房、一九七三年。
（13）Ｅ・Ｈ・エリクソン（西平直訳）『青年ルター』みすず書房、二〇〇三年。
（14）Ｈ・カチンス／Ｓ・Ａ・カーク（高木俊介・塚本千秋監訳）『精神症患はつくられる――ＤＳＭ診断の罠』日本評論社、二〇〇二年。
（15）Ｄ・ナイランド（宮田敬一・窪田文子監訳）『ＡＤＨＤへのナラティヴ・アプローチ』金剛出版、二〇〇六年。
（16）立花隆『臨死体験』〈上・下〉文藝春秋、一九九四年。
（17）渡辺格『生命科学の世界』ＮＨＫ出版、一九八六年。
（18）エレンベルガー、前掲書（第二章8）。
（19）丸田俊彦『コフート理論とその周辺』岩崎学術出版社、一九九二年。
（20）成田善弘「精神科臨床の多面性」渡辺雄三・総田純次（編）『臨床心理学にとっての精神科臨床』人文書院、二〇〇七年、一四―三〇頁。
（21）丹野善彦『認知行動アプローチと臨床心理学――イギリスで学んだこと』金剛出版、二〇〇六年。

第五章

（1）氏原寛、前掲書（第一章8）。
（2）氏原寛、前掲書（第一章9）。
（3）丸田俊彦、前掲書（第四章19）。
（4）一丸藤太郎、前掲書（第一章1）。
（5）Ｆ・アレン（黒丸正四郎訳）『問題児の心理療法』みすず書房、一九五五年。

(6) F・ドルト（榎本譲訳）『無意識的身体像』〈1・2〉言叢社、一九九四年。
(7) C. R. Rogers (1959) A theory of therapy, personality and interpersonal relationships as developed in the client-centered framework. In S. Koch (Ed.), *Psychology: A Study of a Science*. Vol 3. McGraw-Hill, pp. 184-256.
(8) E. T. Gendlin (1962) *A Theory of Personality Change*. Wiley.
(9) S. A. Combs & D. Snygg (1959) *Individual Behavior*. Harper & Row.
(10) C・G・ユング（林道義訳）『タイプ論』みすず書房、一九八七年。
(11) G・ベイトソン（佐伯泰樹・佐藤良明・高橋和久訳）『精神の生態学』〈上・下〉思索社、一九八六年。
(12) C・A・マイヤー（氏原寛訳）『意識――ユング心理学における意識形成』創元社、一九九六年。
(13) J・ヤコービ（池田紘一訳）『ユング心理学』日本教文社、一九七三年。
(14) 井筒俊彦『意識の本質』岩波書店、一九八三年。
(15) 横山紘一『唯識とは何か』春秋社、一九八六年。
(16) 伊谷純一郎、前掲書（第三章11）。
(17) 渡辺格、前掲書（第四章17）。
(18) 氏原寛、前掲書（第一章12）。
(19) H・コフート（笠原嘉・本城秀次・本城美恵・山内正美訳）『自己の修復』みすず書房、一九九五年。
(20) E. Neumann (1955) *The Great Mother*. (trans. by R. Manheim). Princeton University Press.
(21) 成瀬悟策『動作療法』誠信書房、二〇〇〇年。
(22) M・S・マーラー（高橋雅士・浜畑紀・織田正美訳）『乳幼児の心理的誕生』黎明書房、一九八七年。
(23) ローレンツ、前掲書（第四章6）。
(24) 笠原嘉『青年期』中央公論社、一九七七年。
(25) Rogers, *op cit.*（第三章7）。
(26) D・W・ウィニコット（北山修監訳）『児童分析から精神分析へ』岩崎学術出版社、一九九〇年。

(27) D・N・スターン（小此木啓吾・丸田俊彦監訳）『乳児の対人世界』〈理論編〉岩崎学術出版社、一九八九年。

(28) H. S. Sullivan (1940) *Conceptions of Modern Psychiatry.* Norton.

第六章

(1) 氏原寛『意識の場理論と心理臨床』誠信書房、一九九三年。

(2) Gendlin, *op cit.*（第五章8）。

(3) E・T・ジェンドリン（村山正治・都留春夫・村瀬孝雄訳）『フォーカシング』福村出版、一九八二年。

(4) 三木善彦『内観療法入門』創元社、一九七六年。

(5) D・W・ウィニコット（成田善弘・根本真弓訳）『赤ん坊と母親』岩崎学術出版社、一九九三年。

(6) H・コフート（水野信義・笠原嘉監訳）『自己の分析』みすず書房、一九九四年。

(7) ローレンツ、前掲書（第四章6）。

(8) ウィニコット、前掲書（5）。

(9) Combs & Snygg, *op cit.*（第五章9）。

(10) C・G・ユング（高尾浩幸訳）『診断学的連想研究』人文書院、一九九三年。

(11) C・G・ユング（林道義訳）『元型論』みすず書房、一九九九年。

(12) A. Guggenbuhl-Craig (1979) *Marriage: Dead or Alive.* Spring.

(13) S. Birkhauser-Oeri (1976) *Die Mutter im Märchen.* Bonz.

(14) Combs & Snygg, *op cit.*（第五章9）。

(15) Rogers, *op cit.*（第五章7）。

(16) J・C・クーパー（岩崎宗治・鈴木繁夫訳）『世界シンボル辞典』三省堂、一九九二年、五二頁。これについては、アウグスティヌスのことばという説もある（C. G. Jung : *Visions.* Princeton University Press, 1997）。

(17) 中村雄二郎『共通感覚論』岩波書店、一九七九年。

(18) 中村雄二郎『パトスの知』筑摩書房、一九八二年。
(19) 中村雄二郎『魔女ランダ考』岩波書店、一九八三年。
(20) 氏原寛「山の彼方の空遠く――思春期のめざめ」氏原寛・菅佐和子(編)『思春期のこころとからだ』ミネルヴァ書房、一九九八年、一―二四頁。
(21) 中村雄二郎、前掲書(19)。
(22) W・ジェームズ(桝田啓三郎訳)『宗教的経験の諸相』〈上・下〉日本教文社、一九六二年。
(23) G. W. Allport (1960) *Personality*. Henry Holt.
(24) ユング、前掲書(11)。
(25) Birkhauser-Oeri, *op cit.* (13)。

第七章

(1) 島薗進『現代宗教の可能性――オウム真理教と暴力』岩波書店、一九九七年。
(2) 島薗進『精神世界のゆくえ』秋山書店、二〇〇七年。
(3) ジェームズ、前掲書(第六章22)。
(4) R・A・ムーディー(中山善之訳)『かいまみた死後の世界』評論社、一九七七年。
(5) 立花隆、前掲書(第四章16)。
(6) 伊東博『身心一如のニュー・カウンセリング』誠信書房、一九九九年。
(7) 湯浅泰雄『ユングと東洋』〈上〉人文書院、一九八九年。
(8) サン＝テグジュペリ(内藤濯訳)『星の王子さま』岩波書店、一九六二年。
(9) S・I・ハヤカワ(大久保忠利訳)『思考と行動における言語』岩波書店、一九六九年。
(10) 岡正雄「クママツリ」『平凡社大百科辞典』一九六三年、六五〇―六五一頁。
(11) S・フロイト(西田越郎訳)「トーテムとタブー」『フロイト著作集3』人文書院、一九六九年、一四八―二八一頁。

（12）C・レヴィ＝ストロース（大橋保夫訳）『野生の思考』みすず書房、一九七六年。
（13）羽田澄子「映画『痴呆老人の世界』をつくって」伊東光晴・河合隼雄・副田義也・鶴見俊輔・日野原重明（編）『老いのパラダイム』岩波書店、一九八六年、六一―八二頁。
（14）L・クラーゲス（千谷七郎・詫摩武元訳）『性格学の基礎』岩波書店、一九五七年。
（15）C・G・ユング（A・ヤッフェ編）（河合隼雄・藤縄昭・出井淑子訳）『ユング自伝』〈上・下〉みすず書房、一九七三年。
（16）Gendlin, *op cit.*（第五章8）。

第八章

（1）ジェームズ、前掲書（第六章22）。
（2）マイヤー、前掲書（第五章12）。
（3）河合隼雄『中空構造日本の深層』中央公論社、一九八二年。
（4）氏原寛、前掲書（第一章12）。
（5）皆藤章（編著）『風景構成法のときと語り』誠信書房、二〇〇四年。
（6）村本詔司「ある自己視線恐怖症者の生きざま――秘密論的分析」『臨床心理事例研究1』（京都大学心理教育相談室紀要）一九七四年、六四―七二頁。

第九章

（1）Combs & Snygg, *op cit.*（第五章9）。
（2）Rogers, *op cit.*（第一章3）。
（3）神田橋條治、前掲書（第二章2）。

(4) 山中康裕『老いのソウロロギー(魂学)』有斐閣、一九九一年。

(5) 皆藤章、前掲書(第八章5)。

(6) 東山紘久「静香の症例」河合隼雄(編著)『心理療法の実際』誠信書房、一九七七年、一一二九頁。

(7) ホイジンガ、前掲書(第四章7)。

(8) カイヨワ、前掲書(第四章8)。

(9) ウィニコット、前掲書(第四章9)。

(10) 河合隼雄『子どもと悪』岩波書店、一九九七年。

(11) スターン、前掲書(第五章27)。

■章扉写真注——自著短評

1 『カウンセリングと教育』立教書院、一九六八年。私の処女作である。大阪市教育研究所時代のもの。カウンセリングと教育との共通点よりも相異点が強調されている。

2 『臨床心理行為』(田嶌誠一と共編)創元社、二〇〇三年。本章で論じられていることを、立場の異なる多くの臨床家に書いていただいた。

3 『カウンセリングの枠組み』ミネルヴァ書房、二〇〇〇年。椙山女学園大学時代のもの。それまでの実践をふり返るとともに、関心がおとぎ話にまで広がっている。

4 『カウンセリングはなぜ効くのか』創元社、一九九五年。カウンセリングについて、良くも悪くも私なりのものが生まれつつある感じがする。

5 『心理診断の実際』誠信書房、一九八六年。ロールシャッハテストとTATには早くから関心があった。ロールシャッハ六例、TAT三例の解釈例が示してある。

6 『意識の場理論と心理臨床』誠信書房、一九九三年。本書の骨子となる理論的枠組みを最初に世に問うたもの。

7『カウンセラーは何をするのか』創元社、二〇〇二年。奇しくも本章と同じ書名である。本書に論じていることが、長い間かかって形をとってきたものであることがわかる。

8『ユング　そのイメージとことば』（A・ヤッフェ編の翻訳）誠信書房、一九九五年。ユングのプライベートな面を多くの手紙や写真によって生き生きと紹介している。

9『カウンセリング・マインド再考』金剛出版、二〇〇六年。それまでそのつど発表してきた論文をまとめた。私なりの実践と思索の軌跡である。

索引

ア行

カ行

サ行

タ行

ナ行

ハ行

マ行

ヤ行

ラ行

ワ行

著者紹介

氏原 寛　うじはら ひろし

1929 年，大阪生まれ。1953 年，京都大学文学部史学科卒業。高校教師を経て，1977 年に大阪外国語大学教授，以後，大阪市立大学・四天王寺国際仏教大学・椙山女学園大学の各教授を歴任。2002 年より帝塚山学院大学大学院人間科学研究科教授，現在に至る。学術博士。臨床心理士。

『カウンセリングの実践』『意識の場理論と心理臨床』誠信書房，『カウンセリングはなぜ効くのか』『カウンセラーは何をするのか』創元社，『ユングを読む』ミネルヴァ書房，『カウンセリング・マインド再考』金剛出版，『ロールシャッハとＴＡＴの解釈読本』培風館，など著訳書多数。

日本の心理臨床 1

カウンセリング実践史《じっせんし》

2009年 4 月15日　第 1 刷発行

著　者　氏　原　　寛
発行者　柴　田　敏　樹
印刷者　田　中　雅　博

発行所　株式会社　誠　信　書　房
〒112-0012　東京都文京区大塚 3-20-6
電話 03 (3946) 5666
http://www.seishinshobo.co.jp/

創栄図書印刷　イマヰ製本所
検印省略

ISBN 978-4-414-41314-4 C3311